Entre le monde et moi

Du même auteur

Le Grand Combat, Autrement, 2017 ; J'ai lu, 2018.

Le Procès de l'Amérique. Plaidoyer pour une réparation, Autrement, 2017.

Huit ans au pouvoir. Une tragédie américaine, Présence Africaine, 2018.

La Danse de l'eau, Fayard, 2021 ; Le Livre de poche, 2022.

Ta-Nehisi Coates

Entre le monde et moi

Lettre à mon fils

Préface inédite de l'auteur

Traduit de l'anglais (États-Unis) par Karine Lalechère

Autrement

Les éditions Autrement remercient Maboula Soumahoro
pour sa contribution à cette édition.

Entre le monde et moi est une œuvre de non-fiction. Certains noms et détails mentionnés dans le texte ont été modifiés.

Publié en langue originale en juillet 2015 sous le titre *Between the World and Me*, par Spiegel & Grau, une marque de Random House, division de Penguin Random LLC.

ISBN : 978-2-0804-3893-5

À David et à Kenyatta,
qui ont cru

Et un matin, dans les bois, je suis tombé sur la chose,
Je suis tombé dessus dans une clairière herbeuse,
gardée par des chênes et des ormes écailleux
Alors les détails noircis de la scène sont apparus,
s'interposant entre le monde et moi...

Richard WRIGHT,
« Between the World and Me » (1935) [1]

Préface

Comme le jeune garçon auquel il s'adresse, *Entre le monde et moi* a été conçu par deux parents. L'un est le meurtre de mon ami Prince Jones, l'autre le besoin impérieux de comprendre pourquoi ce meurtre avait eu lieu, pourquoi il était resté impuni, et pourquoi de tels crimes continuaient – et continuent – de se produire. Prince était un camarade d'université, qui avait eu le malheur d'être pris pour un dealer de drogue et qui, pour cette raison, avait été tué par un policier. Mon fils venait de naître, et plus que toute autre chose, cette mort en particulier révélait crûment l'écrasante et chimérique responsabilité qui m'incombait : en théorie, j'étais chargé de guider et de protéger une vie. En réalité, ma capacité à m'acquitter de cette tâche était tragiquement limitée.

Déjà à l'époque, je savais que Prince avait bénéficié de tout ce qui était censé préserver les garçons noirs. Sa famille était très respectée, il avait été élevé par une mère méritante, il avait beaucoup voyagé, c'était un étudiant brillant, un chrétien évangélique « born again ». En bref, il était l'incarnation de l'idéal américain, à ceci près qu'il était noir. Une chose était sûre, je n'étais pas l'incarnation de l'idéal américain, et mon enfant ne le serait pas non plus. Si Prince, dont la vie obéissait à toutes les règles édictées par ce pays, n'avait eu droit à aucune clémence, aucune pitié, alors que pouvions-nous espérer, mon fils et moi ? Demain, ou n'importe quel autre jour, un policier pouvait se lever du mauvais pied et abattre mon fils sans jamais en subir les conséquences.

Comment était-ce possible ? En ce temps-là, je n'avais qu'une compréhension vague et anecdotique de ma situation, le genre de compréhension que tous les noirs peuvent acquérir en lisant un peu et en se fondant sur leur expérience personnelle. J'avais senti le scepticisme de la police. Je savais que mon monde noir ne ressemblait pas au monde blanc que je voyais à la télévision. Et je savais que c'était lié aux chaînes et aux fouets de l'esclavage, aux pancartes « réservé aux gens de couleur » de la ségrégation. Je me rendais compte que le racisme était la raison pour laquelle nous stagnions dans la partie basse de tous les indicateurs socio-économiques. Mais le

« comment », le fonctionnement de la machine qui me reléguait à cette place, demeurait un mystère pour moi. C'était comme savoir que les avions volent, sans comprendre les principes de l'aérodynamique.

La suprématie blanche est un système d'assujettissement prodigieux et, parmi ses armes, on a tendance à en sous-estimer une en particulier : la diversion. Partout, il y a des récits erronés, des mensonges, des notions propagées par les films, les histoires ou la littérature dont l'unique objet est de faire porter à l'Amérique noire la responsabilité de sa détresse. Au temps de l'esclavage, une classe intellectuelle s'est constituée afin d'expliquer au pays pourquoi nous étions plus heureux enchaînés. Pendant la ségrégation, les héritiers de cette classe se sont entendus pour nous dire pourquoi nous devions être maintenus sinon en esclavage, du moins dans une forme d'asservissement. Et aujourd'hui, alors que les prisons sont remplies d'hommes noirs, une autre génération s'est donnée pour tâche de nous convaincre que tout cela était juste.

J'aimerais pouvoir vous dire que ces fables n'ont aucune prise sur les noirs américains, mais ce serait mentir. Si la mort de Prince a été un tel choc, c'est à cause du discours selon lequel la respectabilité, la responsabilité individuelle et une conduite irréprochable constituent le meilleur rempart contre le racisme. Dès que la supercherie s'est révélée manifeste, je ne pouvais plus me contenter d'entamer un nouveau chapitre de l'histoire. Pour moi, c'était la fin de l'histoire : une rupture dans ma compréhension du monde. Prince me révélait que nous n'avions pas simplement été assujettis, mais que notre monde tout entier s'organisait autour d'un mensonge. Au-delà de la lutte matérielle, être libre passait donc par un combat intellectuel.

Au cours des quinze années suivantes, j'ai pratiqué l'art du journalisme afin de comprendre la nature de cette marque indélébile que portent tous les noirs. En 2014, j'ai publié *Le Procès de l'Amérique. Plaidoyer pour une réparation* [1], un texte qui, quoi qu'il ait signifié pour ses lecteurs, représentait pour moi une sorte de thèse, une dissection de la machine prodigieuse. Je savais désormais qu'à l'origine il y avait ce que j'appelais la suprématie blanche, un système d'extraction, de vol, de pillage. Je connaissais les lois et les politiques. Je connaissais l'histoire. C'était un immense soulagement : l'impression d'être devenu imperméable aux mensonges et à la diversion, la sensation d'être libre.

Il était sans doute naturel que je repense alors à l'homme qui m'avait mis sur le chemin de cette quête. Car j'avais beau avoir réuni quantité d'éléments logiques et scientifiques, j'avais beau m'être libéré du mensonge, le sentiment – la peur que j'éprouvais quand je portais mon fils au creux de mon bras – était toujours là. Ce moment a coïncidé avec l'essor de Black Lives Matter. Vidéo après vidéo, on voyait des noirs abattus dans la rue, exactement comme Prince. À présent que je comprenais les principes de l'aérodynamique, à présent que je comprenais la poussée, la traînée et la portance, je ressentais un besoin urgent de parler de la sensation de voler.

Voilà comment je me suis lancé dans l'écriture de cet ouvrage. J'ai toujours eu beaucoup de mal à le définir. Je pourchassais un sentiment, un désir d'exprimer les émotions que j'éprouvais en vivant sous le poids de la machine que j'avais disséquée au prix de tant d'efforts. « Qu'y a-t-il donc dans ce livre ? » insistait mon éditeur. Je ne savais pas quoi répondre. Je me suis alors souvenu de l'émotion que j'avais ressentie en lisant d'une traite *La Prochaine Fois, le feu*[2], me demandant comment un texte aussi court pouvait être aussi puissant. C'était exactement ce que je voulais faire. Je parlais du poids de la mort de Prince, que je portais toujours en moi. Je parlais de mon fils qui prenait conscience de la réalité du monde. Mais qu'était ce livre, hormis une longue dissertation décousue ? Je l'ignorais.

Le projet a continué de résister à toute définition jusqu'au moment où il a fallu lui trouver un titre. De nouveau, l'émotion a pris une grande part dans ma décision. J'avais lu à l'université « Between the World and Me », le poème de Richard Wright.

J'avais toujours aimé ce mélange de lyrisme et d'horreur…

> *Le soleil était mort dans le ciel ; un vent nocturne murmurait dans l'herbe et froissait les feuilles dans les arbres ; les bois déversaient les aboiements affamés des chiens ; les ténèbres hurlaient, assoiffées ; et les témoins se levaient et prenaient vie*[3]

Mais il y avait aussi le thème : la folie de croire que l'histoire appartient à un passé révolu. Je désirais rendre hommage, inscrire mon travail dans une filiation. Pourtant, même une fois le titre arrêté, mon éditeur et moi redoutions que, comme le livre, il soit éphémère. Et cette crainte a persisté lors de la publication en France. Avec la maison d'édition, nous sommes finalement tombés d'accord sur *Une colère noire*. Depuis, je paie le prix de ma frilosité.

Il m'est très vite apparu que j'avais commis une erreur, et tous ceux qui me l'ont fait savoir étaient noirs. Ils aimaient le livre, en général, mais ils avaient le sentiment que je l'avais gâché en ne conservant pas le titre original. J'ai pris leur déception très à cœur, parce que j'avais échoué à défendre mon titre. J'avais échoué parce que, dans un monde où les chiffres de vente sont importants, je n'avais pas été capable d'expliquer pourquoi ce titre était pertinent. Tout ce que je pouvais dire c'était que

« Between The World and Me » me paraissait juste, et que « Entre le monde et moi » me paraissait juste.

C'était une autre leçon : je devais apprendre à faire confiance à ce que je ressentais et à la façon dont je voyais les choses. Le savoir que j'avais acquis après la mort de Prince était crucial, parce qu'il mettait des faits et des chiffres sur mon ressenti et sur celui de tous les noirs. Mais ce n'était pas la découverte de notre condition, une condition bien réelle et que nous connaissions même sans les données que j'avais utilisées pour étayer mon analyse. Ce livre, c'était le ressenti des personnes qui subissaient cette condition ; il décrivait une expérience émotionnelle, et si cette expérience était réelle, alors les mots que j'avais choisis pour la décrire devaient l'être aussi.

Je suis honoré de collaborer avec une équipe désireuse de rétablir le titre original de cet ouvrage en France, un pays où j'ai passé beaucoup de temps à lire, à écrire et surtout à discuter avec des noirs. Si nous étions parfois séparés par des océans et des années, tous retrouvaient leur histoire dans la mienne. Ce qui m'a le plus touché dans les échanges autour du livre, c'est de voir qu'il permettait d'ouvrir le débat, qu'il était utile à des gens peinant eux aussi sous le poids d'un mensonge, des gens conscients d'être catégorisés et mis à part, mais qui n'avaient pas le droit de le dire. Mon vœu le plus cher est que, dans un monde qui prétend ne faire aucune distinction de race, ce texte incite de jeunes écrivains à interroger ce mythe, à interroger les récits qui les enferment. Je leur souhaite de trouver une liberté pareille à celle que cette quête m'a apportée.

I

ne me parlez pas de martyre,
d'hommes morts pour être fêtés
une fois l'an.
je ne crois pas à la mort
même si, moi aussi, je mourrai.
et les violettes pareilles à des castagnettes
prolongeront mon écho.

Sonia SANCHEZ [1]

Mon fils,

Dimanche dernier, la présentatrice d'une émission d'information très regardée m'a demandé ce que j'entendais par « perdre mon corps ». Elle m'interviewait depuis Washington, et je me trouvais en studio dans un quartier excentré de l'ouest de Manhattan. Un satellite abolissait la distance entre nous, mais aucune technologie ne pouvait combler le fossé entre son monde et celui au nom duquel on me sommait de parler. Lorsque la journaliste m'a interrogé au sujet de mon corps, son visage a disparu de l'écran, et à la place on a vu défiler des mots que j'avais écrits un peu plus tôt dans la semaine.

Après les avoir lus à voix haute pour les téléspectateurs, la présentatrice s'est penchée sur la question de mon corps, même si elle ne l'a pas formulé en ces termes. À ce stade, j'ai l'habitude que des personnes a priori intelligentes m'interrogent à propos des conditions d'existence de mon corps sans se rendre compte de la nature de leur requête. Ce qu'elle me demandait précisément, c'était pourquoi je pensais que l'essor de l'Amérique blanche, ou plutôt l'essor des Américains qui se croient blancs se fondait sur le pillage et la violence. En l'écoutant, je me suis senti envahi par une tristesse à la fois familière et indéfinissable. La réponse à cette question se trouve dans le bilan des croyants. La réponse à cette question, c'est l'histoire américaine.

Cette affirmation n'a rien d'extrême. Le culte que les Américains rendent à la démocratie laisse peu de place à la conscience de l'avoir parfois reniée. D'autant plus que la démocratie est une divinité miséricordieuse ; après tout, les hérésies américaines – la torture, le vol, l'asservissement – sont si répandues parmi les individus et les nations que nul ne peut s'en prétendre exempt. Au fond, on ne peut même pas accuser nos concitoyens d'avoir trahi leur dieu. Lorsqu'Abraham Lincoln déclarait en 1863 que la bataille de Gettysburg[2] devait permettre au « gouvernement du peuple, par le peuple et pour le peuple de ne jamais disparaître de la surface de la terre », il ne s'agissait pas d'une vaine promesse : au début de la guerre de Sécession, les États-Unis d'Amérique pouvaient se prévaloir de l'un des taux de participation aux élections les plus élevés au monde.

La question n'est pas de savoir si Lincoln était sincère quand il parlait du « gouvernement par le peuple », mais de comprendre ce que notre pays entendait alors par le mot « peuple » et l'évolution de sa signification au cours de l'histoire. En 1863, le terme ne se serait appliqué ni à ta mère ni à ta grand-mère, pas plus qu'il ne nous aurait inclus toi et moi. Ainsi, il ne faut pas chercher le problème de l'Amérique dans une quelconque trahison du « gouvernement par le peuple », mais dans la manière dont ledit peuple a été défini.

Cela nous amène à un autre idéal tout aussi important pour les Américains, un idéal qu'ils tiennent pour acquis, bien qu'ils ne le revendiquent pas consciemment. Ce pays croit que la « race » est un trait avéré et fondamental du monde naturel. Le racisme – le besoin de prêter à un groupe d'individus des traits spécifiques, puis de les humilier, de les rabaisser et de les détruire – découle inévitablement de cet axiome. On en vient ainsi à concevoir le racisme comme l'enfant innocent de mère Nature, et à déplorer le Passage du milieu [3] ou la Piste des larmes [4], de même qu'on exprime sa tristesse et son impuissance face à un tremblement de terre, une tornade ou tout autre phénomène ne relevant pas de la responsabilité humaine.

Or c'est la race qui descend du racisme, et non l'inverse. Le processus qui a permis au « peuple » de se définir ne reposait pas tant sur la généalogie et sur la physionomie que sur une hiérarchie. Les différences de teint et de cheveux ne datent pas d'hier. En revanche, croire à la supériorité d'une couleur de peau et d'un type de cheveux est plus récent, de même que l'idée selon laquelle ces caractéristiques seraient des facteurs pertinents pour organiser correctement une société, et qu'elles seraient l'expression de qualités profondes et inaltérables : voilà le nouveau concept au cœur de l'idéologie qui a donné naissance à ces nouveaux êtres élevés dans la conviction inébranlable, tragique et erronée qu'ils étaient blancs.

Comme nous, ces nouveaux êtres sont une invention moderne. Mais, contrairement à nous, leur nom n'a aucune raison d'être si on le dissocie d'un appareil de domination criminel : avant d'être blancs, ces gens étaient autre chose – catholiques, corses, gallois, mennonites, juifs –, et si ce pays veut être à la hauteur de ses aspirations, alors, il faudra qu'ils le redeviennent. Peut-être un jour se résoudront-ils à établir leurs mythes sur des fondations plus nobles et à être de véritables Américains. Ce n'est pas de mon ressort. D'ici là, il faut bien reconnaître que le blanchiment des tribus disparates, c'est-à-dire le tour de passe-passe qui a permis à des individus de se persuader qu'ils étaient blancs et supérieurs ne s'est pas accompli en organisant des dégustations de vin et des kermesses, mais en pillant des vies, en volant la liberté, le travail et la terre d'autrui, en fouettant des dos, en enchaînant des membres, en étouffant les contestataires, en détruisant des familles, en violant les mères, en vendant les enfants, et en commettant toute une série d'actes dont le but premier était de nous priver, toi et moi, du droit de protéger notre corps et d'en disposer.

Ces nouveaux êtres n'ont rien inventé. Il y a peut-être eu, à un moment donné de l'histoire, une grande puissance dont l'essor ne s'est pas appuyé sur l'exploitation brutale d'autres êtres humains. Si tel est le cas, je ne l'ai pas encore rencontrée. Il n'empêche, la banalité de cette violence ne peut servir d'excuse, car l'Amérique se veut tout sauf banale. L'Amérique est convaincue d'être exceptionnelle, la plus grande et la plus noble des nations, le chevalier solitaire qui défend la blanche cité de la démocratie contre les terroristes, les despotes, les barbares et tous les ennemis de la civilisation. On ne peut pas à la fois se prétendre surhumain et arguer que l'erreur est humaine. Je propose donc de prendre au mot nos concitoyens quand ils invoquent l'exceptionnalisme américain, autrement dit, d'exiger de notre pays qu'il se conforme à des principes moraux exceptionnels. Ce n'est pas facile car, autour de nous, tout nous incite à tenir l'innocence américaine pour acquise et à ne pas gratter la surface. Et il est tellement plus simple de détourner le regard, de savourer les fruits de notre histoire et d'ignorer le mal commis au nom de notre nation. De toute façon, toi et moi n'avons jamais réellement eu ce luxe. Je ne pense pas t'apprendre quoi que ce soit en disant cela.

Je t'adresse ces mots alors que tu es entré dans ta quinzième année. Je t'adresse ces mots parce que, cette année, tu as vu Eric Garner mourir asphyxié pour avoir vendu des cigarettes, parce que tu sais que Renisha McBride a été abattue pour avoir demandé de l'aide, que John Crawford a été tué alors qu'il faisait ses courses dans un supermarché. Tu as vu des policiers en uniforme assassiner Tamir Rice depuis leur voiture, un enfant de douze ans qu'ils s'étaient engagés par serment à protéger. Tu as vu un homme arborant le même uniforme rouer de coups une grand-mère, Marlene Pinnock, sur le bord de la chaussée. Et tu sais désormais, si ce n'était pas déjà le cas, que les forces de l'ordre de ton pays sont habilitées à détruire ton corps. Peu importe que cette destruction soit la conséquence d'une réaction disproportionnée. Peu importe qu'elle soit le résultat d'un malentendu. Peu importe qu'elle trouve son origine dans une politique absurde. Si tu vends des cigarettes sans autorisation, ton corps peut être détruit. Si tu as un mouvement de contrariété quand on veut t'entraver, ton corps peut être détruit. Si tu empruntes un escalier sombre, ton corps peut être détruit. Les agents de ta destruction n'auront pas de comptes à rendre. La plupart toucheront leur retraite. Et la mort n'est que l'expression ultime d'une domination dont les prérogatives comprennent la fouille, la détention, les coups et les humiliations. C'est le lot commun de tous les noirs. Et cela n'a rien de nouveau pour les noirs. Il n'y a jamais de responsable.

Les destructeurs ne sont pas particulièrement malfaisants et notre époque n'a rien d'unique. Ces hommes agissent conformément aux lubies de notre pays ; ils tirent de son histoire et de son héritage les conclusions qui s'imposent. Ce n'est pas facile de l'accepter. Pourtant, tous les termes que nous employons – rapports de race, écart entre les noirs et les blancs, justice raciale, profilage, contrôle au faciès, privilège blanc, et même suprématie blanche – servent à occulter le fait que le racisme est une expérience viscérale, qu'il déloge le cerveau, obstrue les voies respiratoires, déchire les muscles, arrache les organes, fend les os, brise les dents. Ne te voile jamais la face. Et toujours, souviens-toi que la sociologie, l'histoire, l'économie, les courbes, les diagrammes, les régressions, tout, en fin de compte, retombe avec la plus grande violence sur le corps.

Ce dimanche-là, à la télévision, j'ai tâché d'expliquer tout cela à la journaliste du mieux que j'ai pu, dans le temps qui m'était imparti. À la fin de l'entretien, elle a montré une photographie qui circulait beaucoup sur les réseaux sociaux représentant un jeune noir de onze ans en pleurs dans les bras d'un policier blanc. Et elle m'a interrogé au sujet de

« l'espoir ». J'ai compris alors que j'avais échoué. Et je me suis souvenu que je m'attendais à cet échec. De nouveau, je me suis étonné de la tristesse indéfinissable qui m'envahissait. Pourquoi étais-je triste, au juste ? Je suis sorti du studio et j'ai marché un peu. C'était une paisible journée de décembre. Des familles qui croyaient être blanches se promenaient. De jeunes enfants élevés pour être blancs étaient attachés dans leur poussette. J'étais triste pour eux, mais aussi pour la présentatrice et tous les spectateurs qui se berçaient de faux espoirs. J'ai soudain compris l'origine de mon mal-être. Quand la journaliste m'avait interrogé au sujet de mon corps, c'était comme si elle me demandait de la réveiller d'un rêve merveilleux. Ce rêve, je le connais depuis toujours. Il a l'apparence des maisons proprettes bordées de pelouses bien entretenues. Des barbecues de Memorial Day [5], des associations de quartier et des larges allées goudronnées menant aux garages individuels. Le Rêve, ce sont les cabanes dans les arbres et les camps de louveteaux. Le Rêve a l'odeur de la menthe et le goût du gâteau aux fraises. Moi aussi, j'aurais aimé pouvoir m'évader dans le Rêve, rabattre mon pays sur ma tête comme une couverture, mais c'était impossible, car le Rêve reposait sur notre dos et faisait lit de nos corps. Et parce que j'en étais conscient, parce que j'étais conscient que le Rêve perdurait au mépris de la réalité, j'étais triste pour ces familles, triste pour mon pays, mais surtout, à cet instant, triste pour toi.

Cette même semaine, tu avais appris que les tueurs de Michael Brown ne seraient pas poursuivis. Ceux qui avaient abandonné son corps dans la rue comme une effroyable affirmation de leur pouvoir inaliénable ne seraient jamais punis. Je n'ai pas été surpris, mais toi tu étais jeune et tu avais encore la foi. Tu es resté debout jusqu'à 23 heures, ce soir-là : tu attendais la mise en examen. Et quand on a annoncé qu'il n'y en aurait pas, tu as dit : « Il faut que j'y aille », et tu t'es réfugié dans ta chambre où je t'ai entendu pleurer. Lorsque je t'ai rejoint, cinq minutes plus tard, je ne t'ai pas pris dans mes bras, je n'ai pas essayé de te réconforter, parce que j'estimais que ce n'était pas ce qu'il fallait faire. Je ne t'ai pas dit que ça allait s'arranger, parce que je ne l'ai jamais cru. Ce que je t'ai dit, tes grands-parents avaient déjà tenté de me l'expliquer quand j'avais ton âge : c'est ton pays, c'est ton monde, c'est ton corps, et tu dois trouver le moyen de vivre avec. Aujourd'hui, j'ajouterai que cette interrogation – comment habiter un corps noir quand on est né dans un pays qui s'est fourvoyé dans le Rêve – est la question qui m'a hanté toute mon existence, et j'ai fini par comprendre que la réponse résidait dans la quête.

Cela doit te sembler étrange. Nous vivons à une époque obsédée par les résultats. Dans les médias, il n'y en a que pour les commentaires à chaud, les grandes idées et les théories qui expliquent tout. Mais j'ai depuis longtemps rejeté la magie sous quelque forme que ce soit. Ce refus, je le dois à tes grands-parents qui n'ont jamais essayé de me réconforter en me promettant une vie meilleure dans un au-delà incertain, et considéraient avec un scepticisme sain la glorieuse prédestination de l'Amérique. Accepter à la fois le chaos de l'histoire et le caractère inéluctable de ma disparition totale m'a permis de réfléchir pleinement à la façon dont je souhaitais vivre, et surtout à la manière dont je pouvais vivre libre dans un corps noir. Ce n'est pas une question anodine, car cette nation est persuadée d'être l'œuvre de Dieu, alors que le corps noir est la preuve qu'elle est une création humaine. Je me suis interrogé à travers mes lectures et mes écrits, à travers la musique de ma jeunesse, en débattant avec ton grand-père, ta mère, ta tante Janai et ton oncle Ben. J'ai cherché des solutions dans le mythe nationaliste, dans les salles de classe, dans la rue et sur d'autres continents. En fin de compte, il n'y a pas de réponse. Mais cela ne signifie pas que la question est futile. Avant tout, cette quête et la nécessité de regarder en face la brutalité de mon pays m'ont libéré des fantômes et m'ont aguerri contre la terreur sans nom qu'inspire la perspective de perdre mon corps.

Et j'ai peur. La peur atteint son paroxysme dès que tu t'éloignes de moi, pourtant, elle était là avant toi, et en cela j'étais semblable à mon entourage.

PHOTO : CHANA GARCIA

Quand j'avais ton âge, toutes les personnes autour de moi étaient noires, et toutes étaient puissamment, radicalement et dangereusement terrifiées. Cette peur, je l'ai vue tout au long de mon enfance, même si alors je ne l'identifiais pas nécessairement comme telle.

Dès le début, elle était là, devant moi. La peur était là, chez les garçons au look extravagant de mon quartier. En réalité, leurs grosses bagues et leurs pendentifs tape-à-l'œil, leurs énormes doudounes et leurs longs manteaux en cuir à col de fourrure étaient une armure qui les protégeait de leur monde. Ils se tenaient à l'angle de Gwynn Oak Avenue et de Liberty Heights Avenue, au coin de West Cold Spring Lane et de Park Heights Avenue, ou encore devant le centre commercial Mondawmin, les mains dans les poches de leur survêt Russell. Lorsque je pense à eux aujourd'hui, tout ce que je vois, c'est la peur. Tout ce que je vois, c'est qu'ils se cuirassaient contre les fantômes du temps maudit où la foule lyncheuse du Mississippi encerclait leurs grands-pères, prête à embraser les branches des corps noirs, avant de les trancher. La peur, je la reconnaissais à leur démarche étudiée, à leur jean qui leur tombait sur les fesses, à leur tee-shirt trop grand, à l'angle précis selon lequel était inclinée leur casquette de base-ball, un catalogue d'attitudes et de fringues pour créer l'illusion que ces garçons possédaient tout ce qu'ils désiraient et que rien ni personne ne pouvait le leur ôter.

Je la percevais aussi dans leurs coutumes guerrières. Je ne devais pas avoir plus de cinq ans le jour où, assis sur le perron de notre maison de Woodbrook Avenue, j'ai vu deux jeunes se tourner autour, torse nu, épaules contre épaules. J'ai compris alors que les combats de rue obéissaient à un rituel, à des lois et des codes dont la simple nécessité attestait la vulnérabilité des corps adolescents noirs.

La peur était là, dans les premiers morceaux de musique que j'ai écoutés, dont les fanfaronnades ronflantes s'échappaient des ghetto-blasters. Les jeunes qui plastronnaient à l'angle de Garrison Boulevard et de Liberty Heights Avenue, dans le quartier de Park Heights, adoraient cette musique, parce qu'elle leur disait, contre toute évidence, qu'ils étaient les maîtres de leur vie, de leurs rues, de leur corps. La peur était là chez les filles aussi ; je la devinais à leurs rires sonores et à leurs créoles dorées aspect bambou qui clamaient trois fois leur prénom, inscrit en travers de l'anneau. Je la devinais à leurs paroles brutales et à leur regard dur, à leurs yeux qui te transperçaient et à leurs mots qui te pulvérisaient si tu commettais le péché de pousser le jeu trop loin. « Je veux pas entendre mon nom dans ta bouche », disaient-elles. Je les observais après les cours, qui se préparaient au combat comme des boxeuses, s'enduisant de vaseline et ôtant leurs boucles d'oreille avant de se sauter dessus, Reebok aux pieds.

Je sentais la peur chez ma grand-mère, à Philadelphie, quand j'allais la voir. Tu ne l'as pas connue. Moi-même je l'ai peu connue, mais je me souviens de ses manières brusques, et de sa voix sévère. Je savais que le père de mon père était mort, que mon oncle Oscar était mort, que mon oncle David était mort, et que ce n'était pas de cause naturelle. La peur étreignait mon père, qui t'aime et te donne des conseils, et qui me glissait de l'argent pour que tu ne manques de rien quand tu étais petit. Il était terrorisé. Je sentais la peur dans la brûlure de sa ceinture de cuir noir, qu'il maniait avec plus d'anxiété que de colère, mon père qui me battait comme si quelqu'un risquait de me prendre, parce que c'était précisément ce qui se passait autour de nous. Tout le monde semblait avoir perdu un enfant, emporté par la rue, la prison, la drogue ou les armes à feu. On disait des filles qu'elles étaient adorables, qu'elles n'auraient pas fait de mal à une mouche. On disait des garçons qu'ils venaient d'obtenir un certificat de fin d'études secondaires, qu'ils avaient commencé à prendre leur vie en main. À présent ils n'étaient plus là, et tout ce qu'ils laissaient derrière eux, c'était une peur immense.

T'a-t-on raconté cette histoire ? Ta grand-mère avait seize ans. Un jeune homme frappa à sa porte. C'était le petit ami de ta grand-tante Jo. Il n'y avait personne d'autre à la maison et ta grand-mère lui proposa d'attendre Jo à l'intérieur. Mais ton arrière-grand-mère rentra la première. Elle demanda au jeune homme de partir. Puis elle battit sa fille comme plâtre, une dernière fois, pour qu'elle comprenne à quel point il était facile de perdre son corps. Ma mère ne l'a jamais oublié. Je me rappelle encore la façon dont elle serrait ma menotte lorsque nous traversions la rue. Elle me disait que si je la lâchais et que j'étais tué par une voiture, elle me flanquerait une telle raclée que je serais obligé de me relever. Un jour où tes grands-parents m'avaient emmené au parc – j'avais six ans –, je leur ai faussé compagnie, attiré par une aire de jeu. Ils ont passé quelques minutes à me chercher, rongés par l'inquiétude. Quand ils m'ont retrouvé, mon père a fait ce que tous les autres parents que je connaissais auraient fait dans cette situation : il s'est saisi de sa ceinture. Je me rappelle l'avoir regardé d'un air hébété, sidéré par la disparité entre le châtiment et le crime. Plus tard, j'ai entendu la peur dans la voix de mon père : « Si ce n'est pas moi qui le bats, ce sera la police. » Peut-être ses corrections m'ont-elles sauvé la vie. Peut-être pas. Une chose est sûre, la peur produisait de la violence, comme un feu de la fumée, mais j'ignore si les coups motivés par la crainte et l'amour jouaient leur rôle de signal d'alarme ou s'ils nous asphyxiaient à la sortie. Ce dont je suis certain en revanche, c'est que les pères qui punissaient sans pitié l'insolence de leurs fils les relâchaient ensuite dans la rue, où ceux-ci exerçaient et subissaient la même violence. Je connaissais aussi des mères qui battaient leurs filles, mais aucune ceinture ne pouvait les préserver des dealers qui avaient le double de leur âge. Nous, les enfants, nous abritions derrière l'humour le plus noir. Dans la ruelle où nous jouions au basket avec des cageots sans fond en guise de paniers, nous charrions le garçon de dix ans à qui sa mère avait mis une tannée devant toute la classe. À bord du bus numéro 5, en direction du centre-ville, nous nous moquions d'une fille dont la mère se servait de tout ce qui lui tombait sous la main pour la corriger : câbles électriques, rallonges, casseroles. Nous riions, mais nous redoutions ceux qui nous aimaient le plus. Nos parents usaient de la cravache comme les pénitents du fouet au temps de la peste.

Dans le Baltimore de ma jeunesse, être noir signifiait se retrouver nu face à la brutalité du monde, nu face aux armes à feu, aux poings, aux couteaux, au crack, au viol et à la maladie. Cette nudité n'est pas une erreur ni une pathologie. Cette nudité est le résultat voulu et attendu d'une politique, une conséquence prévisible quand on oblige les gens à vivre dans la peur pendant des siècles. La loi ne nous offrait aucune protection et, aujourd'hui, elle est devenue un prétexte pour te contrôler et te fouiller, autrement dit pour prolonger l'assaut contre ton corps. Une société capable de protéger une partie de ses citoyens grâce à des dispositifs comme les écoles, les prêts immobiliers garantis par l'État et les grandes fortunes héritées alors qu'elle ne parvient à protéger les autres qu'au moyen du bâton de la justice pénale a soit échoué à mettre en œuvre ses bonnes intentions, soit réussi à mener à bien un projet beaucoup plus sinistre. D'une manière ou d'une autre, le résultat est le même : nous nous retrouvons infirmes face aux forces criminelles du monde. Peu importe que l'instrument de ces forces soit noir ou blanc, ce qui compte, c'est notre condition. Ce qui compte, c'est le système qui rend ton corps vulnérable.

Cette découverte a mis en branle chez moi une série de transformations. Des transformations toujours en cours, et qui se poursuivront sans doute jusqu'à la fin de ma vie. J'avais onze ans, et je me trouvais sur le parking d'une supérette 7-Eleven.

Je regardais une bande d'adolescents près de la rue. Ils criaient et gesticulaient agressivement, s'adressant... à qui ? À un gamin qui devait avoir mon âge et qui leur souriait presque, levant bravement les mains. Il savait déjà ce qu'il m'a appris ce jour-là : son corps était constamment menacé. J'ignore d'où lui venait cette notion. Le quotidien des quartiers, un beau-père alcoolique, un frère aîné tabassé par la police, un cousin emprisonné. Ses adversaires étaient trop nombreux, il ne faisait pas le poids, mais là n'était pas la question, parce que cela faisait longtemps qu'il ne faisait pas le poids face au monde. C'était une guerre qu'il menait pour rester maître de son corps, une guerre qui serait celle de toute sa vie.

Je contemplais ces adolescents, émerveillé par leur sens du style. Ils portaient tous des anoraks, du genre de ceux que, de mon temps, les mères payaient en plusieurs fois, réglant une première mensualité en septembre, puis accumulant les heures supplémentaires afin que l'article soit prêt et emballé à Noël. Je me suis concentré sur un garçon clair de peau à la tête allongée et aux petits yeux. Il fusillait du regard un autre gamin qui se trouvait à côté de moi. Il n'était pas tout à fait 15 heures. J'étais en sixième. La journée de cours était finie. Ce n'était pas encore le début du printemps et la saison des bagarres. Quel était le problème au juste ? Comment savoir ?

Le garçon aux petits yeux a plongé la main dans la poche de son anorak et en a tiré une arme. Je revois la scène au ralenti, comme dans un rêve. Il y avait ce garçon armé qui dégainait, rengainait, dégainait lentement. Une rage qui en un instant pouvait annihiler mon corps brûlait dans son regard. On était en 1986. Cette année-là, je me suis senti submergé par les meurtres qui faisaient les gros titres. Des meurtres implacables et arbitraires qui très souvent rataient leurs cibles et tuaient à la place des grands-tantes, des mères très investies dans l'éducation de leurs enfants, des oncles qui s'échinaient au travail et des enfants rieurs, des meurtres qui s'abattaient sur eux comme des trombes de pluie. Je le savais de manière théorique mais je ne l'ai compris pleinement que le jour où je me suis retrouvé face à ce garçon, mon corps entre ses petites mains. Il n'a pas tiré. Ses amis l'ont retenu. Il n'en avait pas besoin. Il avait clairement établi où se situait ma place dans l'ordre des choses. Il avait démontré que je pouvais être choisi sans raison. J'ai pris le métro pour rentrer chez moi, et j'ai digéré l'épisode seul. Je n'ai rien dit à mes parents. Je n'ai rien dit à mes professeurs, et si j'en ai parlé à mes copains, j'ai dû le faire avec l'excitation de rigueur, pour masquer la terreur qui s'était emparée de moi.

Je me souviens de la sidération que j'éprouvais à l'idée que la mort pouvait surgir de nulle part et se répandre comme une nappe de brouillard sur un après-midi innocent. Je savais que West Baltimore où je vivais, le nord de Philadelphie où vivaient mes cousins et le South Side de Chicago où vivaient des amis de mon père formaient un monde à part. Plus loin, au-delà du firmament, de l'autre côté de la ceinture d'astéroïdes, il existait d'autres mondes où les enfants ne craignaient pas constamment de perdre leur corps. Je le savais grâce au gros téléviseur qui trônait dans le salon. Tous les soirs, le poste me donnait des nouvelles de ce monde. Il était peuplé de jeunes garçons blancs possédant des collections complètes de cartes de football, à qui il ne manquait pour être heureux qu'une petite copine dont leurs amis seraient jaloux, et n'ayant à craindre que le sumac vénéneux. Cet autre monde avait l'apparence d'une banlieue résidentielle infinie, où la vie tournait autour de rôtis braisés, de tartes aux myrtilles, de feux d'artifice, de crèmes glacées, de salles de bains immaculées, et de petits camions avec lesquels on jouait dans des jardins boisés et vallonnés traversés de ruisseaux. En comparant ces images au monde dans lequel je suis né, j'en étais arrivé à la conclusion que l'Amérique était une galaxie qui s'étendait du pandémonium de West Baltimore jusqu'au royaume céleste de *Mr. Belvedere*[6]. J'étais obsédé par la distance entre cette autre région de l'espace et la mienne. Je savais que mon petit coin de la galaxie américaine, où une pesanteur tenace enchaînait les corps, était noir, alors que la zone libre ne l'était pas. Je savais qu'un champ de force invisible maintenait la distance entre les deux. Je percevais qu'il existait une relation entre cet autre monde et moi, même si je ne la comprenais pas encore. Et je sentais qu'il y avait là une injustice cosmique, une profonde cruauté qui alimentait en moi un désir constant et irrépressible de briser mes fers, de m'arracher à cette pesanteur et d'atteindre la vitesse de libération.

Éprouves-tu parfois le même sentiment ? Ta vie est tellement différente de la mienne. La splendeur du monde, du monde réel, du monde entier, ne t'est pas étrangère. Et tu n'as pas besoin de reportages sur l'autre côté parce que tu as déjà eu l'occasion de voir de près une bonne partie de la galaxie américaine et de ses habitants, tu connais les endroits où ils vivent et leurs loisirs. J'ignore ce que c'est de grandir avec un président noir, les réseaux sociaux, l'omniprésence des médias, des femmes noires arborant leur chevelure naturelle. En revanche, je sais que lorsque le tueur de Michael Brown a été relaxé, tu as dit : « Je dois y aller. » Et j'ai eu l'impression de recevoir un coup de poignard car, en dépit de la différence entre nos deux mondes, je ressentais la même chose à ton âge. Pourtant, j'étais encore loin d'avoir pris la mesure des dangers qui nous entravent. Tu crois toujours que l'injustice, c'est Michael Brown. Tu n'as pas encore commencé à décortiquer les mythes et les discours que tu as assimilés. Tu n'as pas encore découvert le pillage à l'œuvre partout autour de nous.

Avant de songer à apprendre, avant de songer à m'échapper, je devais survivre, et cela signifiait affronter la rue. Il ne s'agissait pas seulement des lieux physiques et des gens qui s'y entassaient, mais des énigmes fatales et des embûches mystérieuses qui semblaient s'élever de l'asphalte même. La rue est capable de transformer une journée ordinaire en une série de questions pièges, et toute réponse erronée peut entraîner une raclée, un coup de feu ou une grossesse. Personne ne s'en sort indemne. Ce qui n'empêche pas l'intensité du danger permanent, d'une existence qui frôle constamment la mort, d'avoir un côté excitant. C'est ce que veulent dire les rappeurs quand ils racontent qu'ils sont accros à « la rue » ou qu'ils aiment le *game*. Je suppose que les parachutistes, les grimpeurs, les adeptes du base-jump et tous ceux qui choisissent de vivre sur le fil éprouvent quelque chose de similaire. En ce qui nous concerne, nous n'avons pas le choix. Je n'ai jamais cru les frères qui prétendaient « tenir » la ville et encore moins en être « les rois ». Nous n'avons pas conçu ces rues. Nous ne les finançons pas. Nous ne les protégeons pas. Pourtant, je me retrouvais là, à devoir défendre mon corps, comme tout le monde autour de moi.

Ceux qui se regroupaient en bandes et qui transformaient leur peur en rage étaient les plus redoutables. Ils arpentaient leur quartier, grandes gueules et grossiers, parce que seule leur grossièreté bruyante leur procurait un sentiment de puissance et de sécurité. Ils étaient prêts à te péter la mâchoire, à te flanquer des coups de pied dans la tête et à te tirer dessus pour ressentir cette puissance, pour jouir du pouvoir de leur corps. Et cette joie sauvage, leurs actes stupéfiants auréolaient leur nom de gloire. Des réputations se forgeaient, des récits d'atrocités circulaient. Ainsi, dans mon Baltimore, on savait que, lorsque Cherry Hill débarquait, mieux valait déguerpir, et que North et Pulaski n'était pas un carrefour mais un ouragan ne laissant sur son passage que ruines et débris. De cette façon, la sécurité dans ces quartiers s'est dégradée pour finir par ne plus assurer que la sécurité des corps qui l'habitaient. Ainsi, on ne se frottait pas à Jo-Jo parce qu'il était le cousin de Keon, le caïd de Murphy Homes. Dans d'autres villes, dans d'autres Baltimore, les lieux et les garçons portaient d'autres surnoms, mais leur mission était la même : démontrer l'inviolabilité de leur coin de rue, de leur corps, à travers leur capacité à briser des rotules, des côtes et des bras. Cette pratique était si commune qu'aujourd'hui, n'importe quelle personne noire ayant grandi dans une métropole américaine à cette époque pourrait te dire quelle bande contrôlait quel quartier, énumérer les noms de tous les capitaines et de leurs cousins, et t'offrir une anthologie de leurs exploits.

Pour survivre dans cet environnement et me protéger, j'ai assimilé une langue rudimentaire à base de hochements de tête et de poignées de main. J'ai mémorisé la liste des zones interdites. J'ai appris à sentir le vent, à flairer le début de la saison des bagarres. J'ai compris que « Minus, je peux voir ton vélo ? » n'était pas une vraie question, pas plus que « Yo, tu t'es embrouillé avec mon cousin » n'était une accusation sincère ou un malentendu. Il s'agissait d'injonctions auxquelles on répondait en mettant le pied gauche en avant et le pied droit en arrière, les mains à la hauteur du visage, l'une un peu plus bas que l'autre, comme un pistolet armé. Ou alors tu détalais, enfilant les ruelles et traversant les jardins, tu ouvrais la porte de la maison à toute volée, passais en courant devant ton petit frère, fonçais dans ta chambre, et sortais un flingue de ta veste en peau de mouton, de sous ton matelas ou d'une boîte à chaussures Adidas, avant de rameuter tes propres cousins (qui n'en étaient pas réellement) pour retourner sans attendre dans la même rue où t'attendait la même bande, et gueuler : « Alors, négro, on fait quoi maintenant ? » Je me souviens d'avoir intégré ces lois plus nettement que je me rappelle avoir appris à reconnaître les formes et les couleurs, parce que ma survie en dépendait.

Il me semble qu'il y a là une différence majeure entre nous. Même si tu connais plus ou moins les anciennes règles, pour toi, ça n'a jamais été crucial. Je suis sûr que tu as déjà eu maille à partir avec une brute dans le métro ou au parc, mais quand j'avais ton âge, chaque jour, je consacrais un tiers de mon activité cérébrale au trajet entre la maison et l'école. Qui m'accompagnait ? Combien étions-nous exactement ? Comment est-ce qu'on marchait ? Combien de fois avais-je souri, à qui, à quoi, à qui avais-je fait un check ? En d'autres termes, je pratiquais la culture de la rue, dont la fonction première était la préservation du corps. Je n'éprouve aucune nostalgie pour cette époque. Je ne souhaite pas faire de toi un « dur » ni un caïd peut-être parce que, si je me suis endurci, c'est à contrecœur. Je crois que d'une manière ou d'une autre j'ai toujours été conscient du prix à payer. Je savais au fond de moi que j'aurais dû consacrer ce tiers de mon cerveau à des pensées plus belles. Je pressentais que quelque chose, une force immense et anonyme me spoliait, mais de quoi ? De mon temps ? De certaines expériences ? Je suppose que tu as une idée de ce qui aurait pu occuper mon esprit. C'est sans doute pour cette raison que, plus que moi encore, tu éprouves le besoin de t'évader. Tu connais la vie merveilleuse qui s'épanouit au-delà de la cime des arbres, et en même temps tu te rends compte que tu n'es pas foncièrement différent de Trayvon Martin. C'est pourquoi tu dois être plus terrifié par ce qui lui est arrivé que je ne le serai jamais. Tu sais tout ce qu'il y a à perdre quand on détruit ton corps.

La rue n'était pas mon seul problème. Si elle entravait ma jambe droite, alors l'école enchaînait la gauche. Ne pas comprendre la rue signifiait renoncer à son corps immédiatement. Mais ne pas comprendre l'école revenait à le sacrifier plus tard. Les deux ont été une source de souffrance pour moi, mais j'en veux davantage à l'école. La loi de la rue n'avait rien de sacré : elle était amorale et pragmatique. On se pointait à une fête en bande comme on porte des bottes quand il neige ou prend un parapluie s'il pleut. L'utilité de ces règles crevait les yeux : se protéger de l'immense danger qui planait sur chaque visite à l'espace de loisirs Shake & Bake et sur le moindre trajet en bus. Les lois de l'école, en revanche, visaient un objectif flou et lointain. Que voulaient dire nos aînés lorsqu'ils nous répétaient qu'il fallait « grandir et devenir quelqu'un » ? Et quel était le rapport avec un enseignement reposant sur la discipline et le par cœur ? À Baltimore, on te demandait avant tout d'avoir un crayon HB de rechange et de travailler en silence. Les bons élèves marchaient en file indienne dans les couloirs en serrant à droite ; ils levaient la main pour aller aux toilettes et ne sortaient pas de la classe sans autorisation. Les bons élèves ne se cherchaient pas d'excuses et ne s'abritaient surtout pas derrière leur jeunesse. Le monde n'avait pas de temps à consacrer à l'enfance des petites filles et des petits garçons noirs. Alors, pourquoi imaginer que l'école ferait mieux ? L'algèbre, la biologie et l'anglais n'étaient pas tant des matières à étudier qu'un prétexte pour discipliner les corps. Nous étions censés apprendre à écrire sur du papier quadrillé, recopier les instructions lisiblement et mémoriser des théorèmes déconnectés du réel. Je me sentais très loin de tout ça. Je me revois en cours de français, en cinquième, me demandant ce que je fabriquais là. Je ne connaissais aucun Français et rien ne me laissait supposer que je pourrais en rencontrer un jour. La France était un caillou qui gravitait autour d'un autre soleil, dans une autre galaxie que je n'atteindrais jamais. Pourquoi, au juste, me trouvais-je dans cette salle ?

Je n'ai jamais obtenu de réponse à ma question. J'étais un garçon curieux mais l'école n'avait rien à faire de la curiosité. Elle visait la docilité. J'aimais beaucoup certains de mes professeurs, mais je ne les croyais pas vraiment. Plusieurs années après avoir quitté l'école, j'ai entendu des paroles d'un morceau de Nas qui m'ont frappé par leur justesse.

Ecstasy, coke, you say it's love, it is poison

Schools where I learned they should be burned, it is poison[7]

C'est exactement ce que je ressentais, à l'époque. Je me rendais compte que l'école nous dissimulait quelque chose, qu'elle nous endormait au moyen d'une fausse morale afin de nous empêcher de voir et de demander : pourquoi faut-il que le libre arbitre et l'anticonformisme mettent nos corps – et uniquement les nôtres – en danger ? Ce n'est pas une inquiétude injustifiée. Quand nos aînés nous incitaient à étudier, il n'était pas question de culture et d'érudition, mais d'échapper à la mort et à l'incarcération. Soixante pour cent des jeunes hommes noirs qui ne terminent pas le lycée se retrouvent à un moment ou un autre en prison. Ce devrait être une honte pour le pays. Or ce n'est pas le cas. En ce temps-là, je n'étais pas en mesure de faire parler les chiffres ni de me plonger dans l'histoire, néanmoins, je sentais bien que l'école ne m'expliquerait pas la peur qui plombait West Baltimore. Les écoles n'étaient pas là pour révéler mais pour dissimuler. Peut-être faut-il qu'elles soient brûlées pour accéder à la vérité.

Inadapté à l'école – sans réel désir de rentrer dans le moule – et dépourvu de l'intelligence de la rue, j'avais le sentiment qu'il n'y avait pas d'issue pour moi ni, honnêtement, pour qui que ce soit. Les garçons et les filles téméraires qui serraient les poings, appelaient les cousins et les potes à la rescousse ou, en dernier recours, dégainaient un flingue, semblaient maîtriser les codes de la rue. Mais ils atteignaient leur apogée à dix-sept ans. Puis ils quittaient le domicile familial et découvraient que l'Amérique possédait elle aussi des flingues et des cousins. Je lisais leur avenir sur le visage las des mères qui grimpaient lourdement dans le bus 28, houspillant et donnant des petites tapes à des enfants de trois ans ;

je le lisais dans la défaite des hommes qui traînaient au coin de la rue, hurlant des obscénités à une jeune fille qui leur refusait un sourire. Certains d'entre eux attendaient devant les magasins d'alcool les quelques dollars qui leur manquaient pour s'acheter une bouteille. On leur filait un billet de vingt et on leur disait de garder la monnaie. Ils se précipitaient à l'intérieur et ressortaient avec des canettes de Red Bull, du Mad Dog ou du Cisco[8]. Ensuite, on allait chez celui d'entre nous dont la mère travaillait le soir pour écouter « Fuck tha Police » et trinquer à notre jeunesse. Il n'y avait pas d'issue. Le sol sur lequel nous marchions était piégé. L'air que nous respirions était toxique. La pollution de l'eau retardait notre croissance. Il n'y avait pas d'issue.

Un an après avoir vu le garçon aux petits yeux dégainer un pistolet, mon père m'a battu parce que je m'étais fait voler par un autre gamin. Deux ans plus tard, il me corrigeait pour avoir menacé un de mes professeurs de troisième. Je pouvais perdre mon corps si je n'étais pas assez violent. Je pouvais le perdre si je l'étais trop. Il n'y avait pas d'issue. J'étais un garçon capable, intelligent et apprécié, mais j'étais aussi terrorisé au plus profond de mon être. Et je sentais vaguement, sans pouvoir mettre de mots dessus, qu'il y avait une grande injustice dans le fait d'être condamné à vivre dans la peur dès l'enfance. Quelle était la source de cette peur ? Que dissimulait l'écran de fumée de la rue et de l'école ?

Comment un crayon HB, des conjugaisons absconses, le théorème de Pythagore, une poignée de main ou un hochement de tête pouvaient-ils faire la différence entre la vie et la mort, être le rideau qui tombait entre le monde et moi ?

Contrairement à d'autres, je ne pouvais pas trouver de réconfort dans la religion et ses mystères. Mes parents rejetaient tous les dogmes. Nous boycottions les fêtes instaurées par ceux qui voulaient être blancs. Nous ne nous levions pas quand résonnaient leurs hymnes. Nous refusions de nous agenouiller devant leur dieu. Je ne pouvais donc pas me consoler à l'idée qu'un être suprême impartial était de mon côté. « Heureux les doux, car ils hériteront de la terre » ne signifiait rien pour moi. Les doux se faisaient tabasser à West Baltimore, piétiner à Walbrook Junction, cogner à Park Heights et violer dans les douches de la prison municipale. Ma perception de l'univers était uniquement physique, et son arc moral tendait vers le chaos[9] pour s'achever dans une boîte. C'était le message du garçon aux petits yeux qui dégainait son arme, un enfant qui avait le pouvoir d'annihiler et de reléguer aux oubliettes de la mémoire d'autres enfants. La peur gouvernait le monde autour de moi et, comme tous les noirs, je savais qu'elle était liée au Rêve, aux petits garçons insouciants, aux tartes et aux rôtis braisés, aux barrières blanches et aux pelouses vertes qui scintillaient sur nos écrans tous les soirs.

Mais de quelle façon ? La religion ne pouvait pas me répondre. L'école ne pouvait pas me répondre. La rue pouvait au mieux m'aider à vivre au jour le jour. Et j'étais curieux de tout. J'avais été élevé ainsi. J'avais seulement quatre ans quand ta grand-mère m'a appris à lire. Elle m'a aussi appris à écrire, ce qui ne signifie pas uniquement organiser des phrases en paragraphes, mais les associer de manière à en faire un outil d'investigation. Si je rencontrais un problème à l'école (ce qui était assez fréquent), elle me demandait de le coucher par écrit. Je devais répondre à une série de questions. Pourquoi avais-je éprouvé le besoin de parler en même temps que le prof ? Pourquoi pensais-je qu'il n'avait pas droit au respect ? Comment souhaitais-je que les autres se conduisent lorsque je prenais la parole ? Que ferais-je la prochaine fois que je serais tenté de discuter avec mes amis en plein cours ? Je t'ai assigné des tâches similaires. Non parce que je croyais qu'elles modifieraient ton comportement – en tout cas elles n'ont pas infléchi le mien –, mais parce que c'est ainsi que j'ai appris à m'interroger et à développer une conscience de moi. Ta grand-mère ne m'inculquait pas des leçons de bonne conduite. Elle m'incitait à remettre en question sans ménagement le sujet qui avait toute mon empathie et à qui je trouvais toujours des excuses : moi-même. Je n'étais pas innocent, mes actes n'étaient pas motivés par une vertu sans faille. Et sachant que les autres étaient aussi humains que moi, ce devait être vrai pour eux également. Si je n'étais pas innocent, eux non plus. Les ressorts qui les animaient étaient complexes. Cela pouvait-il affecter les histoires qu'ils racontaient ? Les villes qu'ils bâtissaient ? Le pays qu'ils prétendaient avoir reçu de Dieu ?

Les questions se bousculaient dans mon esprit. Par chance, je disposais d'une volumineuse bibliothèque, composée des livres réunis par ton grand-père. Il travaillait alors à l'université Howard : il était documentaliste au centre de recherche Moorland-Spingarn, qui héberge l'une des plus vastes collections Africana du monde [10]. Ton grand-père vénérait les livres et les vénère encore. Il y en avait partout à la maison : des livres sur les noirs, écrits par les noirs et pour les noirs, qui occupaient toutes les étagères et envahissaient le salon, le surplus stocké dans des cartons au sous-sol. Mon père avait dirigé une cellule locale du Black Panther Party. J'ai lu tous les ouvrages qu'il possédait sur le sujet, et j'ai dévoré ses piles de vieux journaux du parti. Ils portaient des armes et ça me plaisait, parce que leur démarche me paraissait honnête. Les armes permettaient de s'adresser à ce pays – qui avait créé la rue et s'appuyait sur une police despotique – dans la langue qu'il comprenait le mieux : la violence. Je comparais les Panthers aux héros que me proposait l'école, des hommes et des femmes que je trouvais ridicules, et dont les valeurs étaient démenties par tout ce que je connaissais.

Tous les ans, en février, à l'occasion du Mois de l'histoire des noirs, on nous rassemblait pour nous infliger le laïus rituel sur le mouvement des droits civiques. Nos professeurs érigeaient en exemple les *freedom marchers*, les *freedom riders*, les *freedom summers*[11]. Le mois ne pouvait pas s'écouler sans qu'on nous oblige à regarder une série de films glorifiant des gens qui se faisaient rouer de coups devant une caméra. Les noirs sur ces images avaient l'air d'aimer ce qu'il y avait de pire dans la vie : les chiens qui taillaient en pièces leurs enfants, les gaz lacrymogènes qui les suffoquaient, les lances d'incendie qui déchiraient leurs vêtements et les faisaient trébucher. Ils semblaient aimer les hommes qui les violaient, les femmes qui les injuriaient, les enfants qui leur crachaient dessus, les terroristes qui brûlaient leurs églises. *Pourquoi nous montre-t-on ça ?* Pourquoi seuls nos héros étaient-ils non-violents ? Je ne remets pas en cause la dimension morale de la non-violence mais l'idée selon laquelle les noirs, plus que les autres, auraient besoin de cette morale-là. À l'époque, je ne pouvais comparer ces apôtres de la liberté qu'à ce que je connaissais. Autrement dit, je les mesurais aux gamins qui dégainaient sur le parking du 7-Eleven, aux parents qui brandissaient des rallonges en guise de fouet, à « Alors, négro, on fait quoi maintenant ? » Je les jugeais à l'aune de mon pays, qui s'était approprié la terre par le meurtre et l'avait domestiquée par l'esclavage, un pays dont l'armée se déployait à l'étranger pour continuer d'étendre son empire. Le monde, le monde réel, c'était la civilisation protégée et gouvernée par des moyens barbares. Comment l'école pouvait-elle porter aux nues des hommes et des femmes dont les valeurs étaient clairement méprisées par la société ? Comment pouvait-elle nous envoyer dans les rues de Baltimore en connaissance de cause, puis nous parler de non-violence ?

J'en suis venu à considérer que l'école et la rue étaient les deux bras d'un même monstre. L'une bénéficiait d'un mandat officiel de l'État, l'autre de son blanc-seing implicite. Mais les deux employaient la peur et la brutalité pour parvenir à leurs fins. Si tu échouais dans la rue, les bandes t'attendaient au tournant pour te prendre ton corps. Si tu échouais à l'école, tu étais renvoyé et tu te retrouvais dans cette même rue où tu perdrais ton corps. J'ai bientôt commencé à comprendre comment s'articulait la relation entre ces deux bras : l'échec à l'école justifiait la destruction par la rue. La société pouvait dire : « Il n'avait qu'à rester à l'école », et s'en laver les mains.

Peu importe si les « intentions » de certains enseignants sont nobles. Laisse tomber les intentions. Ce qu'une institution ou ses agents prétendent vouloir faire pour toi est secondaire. Notre monde est avant tout physique. Apprends à jouer en défense : ignore la tête et concentre-toi sur le corps. Très peu d'Américains affirmeraient sans détour souhaiter abandonner les noirs à la rue, et pourtant, une large majorité est prête à tout pour préserver le Rêve. Personne n'a jamais décrété que l'école avait été conçue pour légitimer l'échec et la destruction d'une partie de la population. Mais un grand nombre d'éducateurs insistent sur la « responsabilité individuelle », dans un pays qui s'est bâti et a prospéré sur l'irresponsabilité criminelle. Ce lexique qui met en avant « les intentions » et « la responsabilité individuelle » vise la disculpation à l'échelle nationale. Des erreurs ont été commises. Des corps ont été brisés. Des hommes et des femmes ont été réduits en esclavage. Nous pensions bien faire. Nous avons fait de notre mieux. Les « bonnes intentions » sont un sauf-conduit pour traverser l'histoire sans encombre, un narcotique qui protège le Rêve.

Lorsque j'ai compris cela, il m'est apparu essentiel de remettre en question tous les discours véhiculés par l'école. Je me devais de demander pourquoi encore et encore. J'interrogeais donc mon père, qui très souvent me renvoyait à d'autres livres. Ma mère et lui voulaient m'apprendre à ne pas me contenter de réponses toutes faites, même quand eux-mêmes estimaient qu'elles étaient valables. Je ne suis pas sûr d'être jamais parvenu par moi-même à des réponses satisfaisantes. Mais chaque fois que je pose la question, elle se précise. C'est ce qu'il y a de plus intéressant dans ce que nos aînés appelaient être « politiquement conscient » : une série d'actes autant qu'une manière d'être, un questionnement constant, presque un rituel, une exploration plutôt qu'une quête de certitude. Il y avait des évidences : la violence sur laquelle s'est construit ce pays, exposée sans fard durant le Mois de l'histoire des noirs, et la violence plus intime du « Alors, négro, on fait quoi maintenant » n'étaient pas sans lien. Et ce lien n'était pas le fruit du hasard. Ces différents types de violence formaient un tout et faisaient partie d'un plan précis.

Mais dans quel objectif, au juste ? Pourquoi ? Je devais comprendre. Je devais me sortir de là… mais pour aller où ? Je dévorais les livres parce qu'ils étaient un rai de lumière sous la porte et parce qu'il y avait peut-être un autre monde au-delà, au-delà de la peur qui sous-tendait le Rêve.

Pendant cette période de questionnement intense et d'éveil de ma conscience, je n'étais pas seul. Les graines semées dans les années soixante, largement oubliées, avaient germé et commençaient à porter leurs fruits. La parole de Malcolm X, mort vingt-cinq ans plus tôt, débordait du petit cercle de ses derniers apôtres vivants pour se répandre dans la société. Les artistes hip-hop le citaient dans leurs chansons, plaçaient des extraits de ses discours sur leurs breaks ou inséraient des plans de son visage dans leurs clips. C'était le début des années quatre-vingt-dix. Le moment de quitter le domicile familial approchait et je me demandais ce que serait ma vie. Si j'avais dû choisir un étendard à cette époque, il aurait été brodé d'un portrait de Malcolm X, vêtu d'un costume, sa cravate nouée négligemment, une main écartant un store, l'autre tenant un fusil. Ce portrait incarnait tout ce à quoi j'aspirais : le sang-froid, l'intelligence, la peur dominée. J'achetais des cassettes de ses discours – « Message to the Grassroots », « The Ballot or the Bullet » [12] – à Everyone's Place, une librairie noire de North Avenue, et je les écoutais sur mon Walkman. Je retrouvais sous une forme concentrée toute l'angoisse que j'éprouvais devant les héros de février dans des formules que je pouvais citer. « Ne renoncez pas à votre vie, préservez-la, affirmait Malcolm. Et si vous devez y renoncer, alors, n'hésitez pas à rendre coup pour coup. » Ce n'étaient pas des fanfaronnades, mais une déclaration d'égalité qui ne s'appuyait pas sur la miséricorde ou le Saint-Esprit, mais sur le caractère sacré du corps noir. Nous devions préserver nos vies, parce que nos existences et nos corps valaient autant que ceux des autres, parce que notre sang était aussi précieux que des joyaux et qu'il n'était pas question de le brader contre de la magie ni contre des croyances spirituelles inspirées par un au-delà incertain. Ne livre pas ton corps aux matraques des flics de Birmingham ni à la pesanteur insidieuse de la rue. *Black is beautiful* : autrement dit, le corps noir est beau, il faut épargner aux cheveux noirs la torture des lissages et des défrisages, protéger la peau noire du blanchiment, nos nez et nos bouches de la chirurgie moderne. Nous ne sommes rien au-delà de notre beau corps, et nous ne devons jamais nous prosterner devant les barbares, nous ne devons jamais soumettre notre moi authentique, notre singularité, à la profanation et au pillage.

J'aimais Malcolm parce qu'il ne mentait pas, contrairement à l'école qui s'abritait derrière une façade de moralité, contrairement à la rue qui s'abritait derrière le bluff, contrairement aux Rêveurs. Je l'aimais parce qu'il parlait en termes concrets, jamais mystiques ou ésotériques, parce que sa science ne s'enracinait pas dans les actes d'entités célestes et de dieux mystérieux, mais dans le fonctionnement du monde physique. C'était le premier pragmatiste politique que je découvrais, le premier honnête homme que j'entendais. Il ne cherchait pas à conforter ceux qui se croyaient blancs dans leurs illusions. S'il était en colère, il le disait. S'il haïssait, c'est parce qu'il est humain de haïr son oppresseur quand on est opprimé, aussi naturel que de haïr les oiseaux quand on s'appelle Prométhée. Il n'allait pas tendre l'autre joue. Il n'allait pas faire preuve de noblesse. Il n'allait pas donner l'exemple. Malcolm parlait en homme libre, en homme noir au-dessus des lois qui atrophient notre imagination. Je m'identifiais à lui. Je savais qu'il avait violemment critiqué l'école, qu'il avait presque été condamné par la rue. Surtout, je savais qu'il s'était trouvé grâce à la lecture et à l'étude en prison, et qu'à sa sortie il était animé par une force ancestrale qui le faisait parler comme si son corps lui appartenait. « Si vous êtes noir, vous êtes né en prison », disait-il. Et ses paroles résonnaient en moi lorsque je pensais aux rues que je devais éviter, aux heures où j'avais intérêt à ne pas tomber dans une embuscade en rentrant du collège, à mon corps dont je n'étais pas le maître. Peut-être que, moi aussi, je pouvais vivre libre. Peut-être que, moi aussi, je pouvais trouver cette force qui habitait également Nat Turner, Harriet Tubman, Nanny, Cudjoe[13], Malcolm X, et parler – ou plutôt agir – comme si mon corps m'appartenait.

Marchant dans les pas de Malcolm, je me suis réapproprié mon corps par la lecture, l'étude et l'exploration. J'espérais produire un jour quelque chose d'important. J'avais lu et écrit en dehors du cadre imposé par l'école toute ma vie. Je gribouillais déjà de la mauvaise poésie et des paroles de rap pourries. Il y avait dans l'air un désir de revenir en arrière, le souhait de retrouver quelque chose de primordial, une part de nous que nous avions oubliée dans notre précipitation, fuyant le passé pour rattraper l'Amérique.

Cette pièce manquante, cette essence perdue expliquait la présence de garçons traînant aux carrefours et « les bébés qui faisaient des bébés ». Elle expliquait tout, nos pères défoncés au crack, le sida et la peau dépigmentée de Michael Jackson. La pièce manquante était liée au pillage de nos corps. Toute affirmation de soi, le simple fait de revendiquer les mains qui assuraient notre sécurité, la colonne vertébrale qui nous portait et la tête qui nous dirigeait était contestable. C'était deux ans avant la Million Man March [14]. J'écoutais quotidiennement *Death Certificate,* l'album d'Ice Cube : « Laisse-moi vivre ma vie, et si nous ne pouvons plus vivre notre vie, alors donnons-la pour la rédemption et le salut de la nation noire. »

Je regardais presque chaque semaine l'épisode consacré au Black Power d'*Eyes on the Prize*, une série documentaire sur le mouvement des droits civiques. Je sentais planer sur moi l'ombre de la génération de mon père ; j'étais hanté par Fred Hampton et Mark Clark [15], par le sacrifice de Malcolm, par la mutinerie de la prison d'Attica [16] et par Stokely [17]. J'étais hanté parce que je pensais que nous nous étions perdus dans les années soixante-dix, que nous avions été

vaincus par le FBI, la drogue et la défection de la classe moyenne noire qui avait rejoint la banlieue résidentielle. Désormais, à l'ère du crack, nous n'avions plus que nos peurs. Il fallait peut-être faire marche arrière. C'est ce que j'entendais dans le *keep it real*[18] du mouvement hip-hop et de la culture africaine-américaine. Il fallait peut-être revenir à l'essentiel, à nos rues primordiales, à notre rugosité, à notre chevelure rebelle. Il fallait peut-être retourner à La Mecque.

Ma seule Mecque était et sera toujours l'université Howard. Je t'en ai parlé plus d'une fois. Tu me dis que tu captes, que tu comprends, mais je ne suis pas certain que la force de ma Mecque – La Mecque – puisse être traduite dans cette nouvelle langue éclectique qui est la tienne. Je ne suis d'ailleurs pas sûr que ce soit souhaitable. Ma tâche est de te transmettre ce que je sais de mon cheminement, tout en te laissant suivre ta propre voie. Tu ne peux pas être noir de la même façon que moi, pas plus qu'à ton âge je ne pouvais l'être comme mon père. Malgré tout, je maintiens que l'adolescent cosmopolite que tu es a quelque chose à trouver là : une base, même en ces temps modernes, un havre dans la tourmente américaine. Mon point de vue est influencé par la nostalgie et la tradition, c'est certain. Ton grand-père a travaillé à Howard. Tes oncles Damani et Menelik, tes tantes Kris et Kelly y ont étudié. J'y ai rencontré ta mère, ton oncle Ben, tes tantes Kamilah et Chana.

J'ai été admis à l'université Howard, mais c'est La Mecque qui m'a formé et façonné. Les deux sont liées, mais elles ne se confondent pas totalement. Howard est un établissement d'enseignement supérieur, qui se concentre sur l'examen d'entrée en faculté de droit, les mentions très bien et les fraternités étudiantes les plus prestigieuses comme Phi Beta Kappa. La Mecque est une machine créée pour aspirer et distiller l'énergie noire de tous les peuples africains, afin de la réinjecter dans le corps étudiant. La Mecque tire sa force de l'héritage de Howard qui, à l'époque des lois ségrégationnistes, drainait les talents noirs sur lesquels elle possédait un quasi-monopole. Alors que la plupart des établissements africains-américains historiques étaient disséminés à travers les anciens États sudistes, comme des avant-postes en territoire hostile, Howard se trouvait à Washington – surnommée « la ville chocolat » dans les années soixante-dix, car les Africains-Américains composaient les deux tiers de sa population –, autrement dit, à proximité du pouvoir politique et du pouvoir noir. L'université a ainsi formé plusieurs générations de femmes et d'hommes qui sont devenus l'élite noire de ce pays : Charles Drew, Amiri Baraka, Thurgood Marshall, Ossie Davis, Doug Wilder, David Dinkins, Lucille Clifton, Toni Morrison, Kwame Ture [19]. C'est la combinaison de ces différents facteurs – l'histoire, la situation géographique, le parcours des anciens étudiants – qui a créé La Mecque : le carrefour de la diaspora noire.

Sa force m'est apparue pour la première fois sur le Yard, l'espace vert au centre du campus, lorsque j'ai vu tout ce que je savais de mon identité noire se décliner en une infinité de variations. Des héritiers de l'aristocratie nigériane en costume d'homme d'affaires faisaient un check avec des *Q* [20] au crâne rasé, en coupe-vent violet et Timberland fauve. La progéniture au teint clair des prédicateurs de l'Église épiscopale méthodiste africaine débattait avec des ecclésiastiques de l'Ausar-Auset Society [21]. Des Californiennes converties à l'islam se réinventaient en hijab et en jupe longue. Il y avait aussi des escrocs à la Ponzi et des sectateurs chrétiens, des fanatiques évangéliques et des génies mathématiques.

Imagine que tu écoutes cent versions différentes de « Redemption Song », chacune dotée d'une tonalité et d'une couleur particulières, alors tu auras une idée du tableau. Et à l'arrière-plan, il y avait l'histoire de Howard. Je savais que je marchais au sens propre dans les traces de toutes les Toni Morrison et de toutes les Zora Neale Hurston, de tous les Sterling Brown et de tous les Kenneth Clark[22]. Il suffisait de passer vingt minutes sur le campus pour faire l'expérience de La Mecque, autrement dit de la profusion noire à travers l'espace et le temps. Et pour en saisir toute l'ampleur, il n'y avait qu'à regarder les étudiants bavardant devant le Frederick Douglass[23] Memorial Hall, où Muhammad Ali s'était adressé à leurs pères et à leurs mères, du temps où il militait contre la guerre du Viêt Nam. J'étais frappé par les proportions épiques de cette profusion quand je voyais la foule autour du théâtre Ira Aldridge, où l'artiste soul Donny Hathaway avait chanté, et où le musicien Donald Byrd avait réuni ses élèves. Certains avaient sorti leur saxophone, leur trompette et leurs percussions pour interpréter « My Favorite Things » ou « Someday My Prince Will Come ». Des étudiantes étaient rassemblées sur la pelouse de l'Alain Locke[24] Hall, vêtues de rose et de vert[25], psalmodiant, chantant, tapant du pied, applaudissant et dansant. D'autres venaient en groupe de la résidence universitaire Harriet Tubman Quandrangle avec des cordes à sauter pour exécuter des figures de double dutch. Des garçons arrivaient de Drew Hall, casquette sur le côté et sac à dos sur une épaule, puis se lançaient dans des démonstrations de beatboxing et de poésie envoûtantes et énigmatiques. Des filles étaient assises au pied du mât, des livres de bell hooks[26] et de Sonia Sanchez[27] dans leur cabas en paille. Fiers de leur nouveau nom yoruba, des garçons les draguaient en citant Frantz Fanon. Certains étudiaient le russe. D'autres les maladies osseuses. Ils étaient panaméens. Ils étaient barbadiens. Et certains venaient de pays dont je n'avais jamais entendu parler. Mais tous étaient fascinants, incroyables et même exotiques, alors que tous nous descendions de la même tribu.

Le monde noir se déployait devant moi et je découvrais qu'il n'était pas simplement le négatif du monde de ceux qui se croient blancs. « L'Amérique blanche » est une corporation créée pour protéger son droit exclusif sur nos corps. Parfois la domination et le contrôle s'exercent de façon très directe (le lynchage) et d'autre fois ils sont plus insidieux (la discrimination). Mais, quelle que soit la manière dont ce pouvoir se manifeste, il est essentiel. Sans la domination et la ségrégation, les « blancs » n'auraient plus aucune raison d'être et cesseraient d'exister. Bien sûr, il y a toujours eu des êtres humains aux cheveux raides et aux yeux bleus, et ils ne vont pas disparaître. Mais certains d'entre eux ont été « noirs » à un moment de leur histoire, et c'est toute la différence entre leur monde et le nôtre. Nous n'avons pas choisi nos barrières. Elles nous ont été imposées par les planteurs virginiens désireux de réduire en esclavage le plus grand nombre possible d'Américains. Ce sont eux qui ont inventé la règle de la goutte de sang[28] pour distinguer les « blancs » des « noirs », même si cela signifiait que leurs propres fils aux yeux bleus subiraient le joug. Il en résulte un peuple, les Noirs, qui comprend toutes les caractéristiques morphologiques et dont les histoires individuelles sont le reflet de cette diversité. À La Mecque, j'ai constaté que nous étions cosmopolites à l'intérieur de notre nation d'exclus. La diaspora noire ne représentait pas uniquement notre monde mais, de bien des manières, l'Occident dans son ensemble.

Les descendants des planteurs virginiens ne pouvant pas reconnaître cet héritage ni admettre sa force, la beauté que Malcolm nous exhorte à protéger, la beauté noire, n'a jamais été célébrée dans les films ni à la télévision, ni dans les manuels scolaires que j'ai connus enfant. Tous les personnages historiques d'importance, de Jésus à George Washington, étaient blancs. C'est pour cette raison que tes grands-parents avaient banni de la maison Tarzan, le Lone Ranger[29] et les figurines blanches. Ils étaient réfractaires aux livres d'histoire qui n'évoquaient les noirs que dans un registre sentimental, parce qu'ils étaient les « premiers » : le premier général d'armée africain-américain, le premier député noir, le premier maire noir – toujours présentés avec une pointe de perplexité, comme si c'était une catégorie au Trivial Pursuit. L'histoire sérieuse, c'était l'Occident, et l'Occident était blanc. Un échange entre un journaliste et le romancier Saul Bellow illustre parfaitement cette idée. Je ne sais plus ni où ni quand je l'ai lu, mais j'étais déjà à Howard. « Qui est le Tolstoï des Zoulous ? » ironisait l'écrivain. Tolstoï était « blanc », donc « il comptait », de même que « comptait » tout ce qui était blanc. La peur transmise de génération en génération et notre sentiment de dépossession étaient liés à cette vision du monde. Nous étions noirs, en deçà du spectre visible, en deçà de la civilisation. Puisque notre histoire était inférieure, nos corps l'étaient aussi. Et on ne pouvait décemment pas accorder à ces corps inférieurs le respect dû aux bâtisseurs de l'Occident. Ne valait-il pas mieux, alors, que nos corps soient civilisés, améliorés, mis au service de la cause chrétienne ?

Pour réfuter cette théorie, j'avais Malcolm. J'avais ma mère et mon père. J'avais les numéros de *The Source* et de *Vibe* que je lisais religieusement. Pas tant parce que j'aimais la musique noire – même si je l'aimais sincèrement – que pour le style. Les journalistes Greg Tate, Jeff « Chairman » Mao et dream hampton – qui étaient à peine plus âgés que moi – inventaient une langue pour analyser notre art, notre monde, que je comprenais intuitivement.

C'était un argument en faveur de l'importance et de la beauté de notre culture, et par conséquent de nos corps. Ainsi, à Howard, jour après jour, je sentais cette importance et je voyais cette beauté autour de moi, pas de manière théorique, mais comme un fait démontrable. Et je tenais à brandir cette preuve à la face du monde, parce que je pressentais – sans être capable de le formuler – que l'effacement de la beauté noire dans la culture dominante était étroitement lié à la destruction des corps noirs.

Ce qu'il fallait, c'était un nouveau discours, une nouvelle histoire racontée à travers le prisme de notre combat. Je l'avais toujours su, j'en avais compris la nécessité grâce à Malcolm, j'avais vu ce manque comblé dans les livres de mon père. Leurs titres grandiloquents étaient révélateurs, en ce sens : *The Children of the Sun* (les enfants du soleil), *Wonderful Ethiopians of the Ancient Cushite Empire* (Éthiopiens extraordinaires de l'antique empire de Koush), *The African Origin of Civilization* (Les Origines africaines de la civilisation)[30]. Là se trouvait non seulement notre histoire, mais l'histoire du monde, une arme utilisée à de nobles fins. Là gisait la matière primordiale de notre Rêve à nous – le Rêve d'une « race noire » –, d'un passé africain où était enfoui notre Tolstoï, où nous avions composé des opéras, inventé une algèbre secrète, bâti des murs ornementés, des pyramides, des colosses, des ponts, des routes, toutes choses qui, pensais-je, suffisaient à nous faire accéder au rang de civilisation. Ils avaient leurs héros et nous nous devions d'avoir les nôtres. À cette époque, j'avais déjà lu Chancellor Williams, J. A. Rogers et John Jackson – des auteurs essentiels de cette nouvelle histoire qui nous rendait nos lettres de noblesse. Ils m'avaient appris que Mansa Moussa du Mali était noir, que Chabaka d'Égypte était noir, que Yaa Asantewaa de l'Empire Ashanti était noire – et que « la race noire » existait, croyais-je, depuis des temps immémoriaux, que c'était un fait réel et important.

À mon arrivée à Howard, *The Destruction of Black Civilization*, de Chancellor Williams, était ma bible. Williams avait enseigné à Howard. Je l'avais lu à seize ans. Il proposait une grande théorie, celle d'un pillage européen qui s'était déployé sur plusieurs millénaires. Sa thèse répondait à certaines des questions qui me taraudaient – c'est tout l'intérêt du nationalisme – et me donnait mon Tolstoï. J'ai découvert grâce à lui la reine Njinga, qui a régné sur l'Afrique centrale au XVIe siècle et résisté aux Portugais. Au cours de ses négociations avec les Néerlandais, lorsque l'ambassadeur des Pays-Bas avait tenté de l'humilier en lui refusant un siège, elle avait fait la démonstration de sa puissance en ordonnant à l'une de ses conseillères de se mettre à quatre pattes pour lui fournir une chaise humaine. Voilà le genre de pouvoir auquel j'aspirais. L'histoire de nos lignées royales est devenue une arme pour moi. Selon ma théorie d'alors, tous les noirs formaient une nation de princes exilés qui avaient perdu leurs noms originels et leur majestueuse culture nubienne. N'était-ce pas le message que me communiquait le Yard ? Existait-il un autre peuple d'un tel éclectisme, d'une telle beauté ?

Il me fallait plus de livres. À Howard, j'avais accès aux collections de Moorland-Spingarn, où avait travaillé ton grand-père. On y trouvait des archives, des articles, des fonds documentaires et pratiquement tous les livres jamais écrits par et sur les noirs. J'ai occupé ainsi la majorité du temps que j'ai passé à La Mecque. J'obéissais à un rituel très simple. Je me rendais dans la salle de lecture où je remplissais trois fiches pour emprunter trois ouvrages différents. Je m'asseyais à l'une des longues tables. Je sortais mon stylo et l'un de mes cahiers à couverture noire et blanche. J'ouvrais le premier livre et je lisais, prenant des notes, relevant les mots que je ne connaissais pas et rédigeant des phrases de mon cru. J'arrivais dès le matin et j'empruntais, trois par trois, les œuvres de tous les auteurs dont j'avais entendu parler en cours ou sur le campus : Larry Neal, Eric Williams, George Padmore, Sonia Sanchez, Stanley Crouch, Harold Cruse, Manning Marable, Addison Gayle, Carolyn Rodgers, Etheridge Knight, Sterling Brown. Je me souviens que j'étais convaincu que la clé pour comprendre le monde reposait sur ma capacité à formuler la différence précise entre

« l'Esthétique noire » et la « Négritude ». Comment exactement l'Europe était-elle responsable du sous-développement de l'Afrique ? Il fallait que je sache. Si la XVIIIe dynastie égyptienne avait perduré jusqu'à aujourd'hui, serait-elle établie à Harlem ? Je m'imprégnais de chaque page.

Je me suis lancé dans cette quête, persuadé que l'histoire était un récit cohérent et consensuel qui, une fois mis au jour, confirmerait tout ce que j'avais toujours suspecté. L'écran de fumée se dissiperait. Les méchants qui manipulaient l'école et la rue seraient démasqués. Mais il y avait tant à apprendre, tant de territoires à couvrir – l'Afrique, les Antilles, les Amériques, les États-Unis. Et chacun avait une histoire, un canon littéraire foisonnant, des études de terrain, des documents ethnographiques. Par où commencer ?

Je me suis rapidement heurté à un écueil. Je n'avais pas affaire à une tradition cohérente et unifiée mais à des factions, elles-mêmes subdivisées en factions. Hurston s'opposait à Langston Hughes, W. E. B. Du Bois ferraillait avec Garvey, et Harold Cruse était en guerre contre tout le monde. J'avais l'impression d'être sur la passerelle d'un grand navire ballotté par les flots, parce que C. L. R. James était une vague puissante et Basil Davidson un tourbillon impétueux qui me secouaient dans tous les sens. Des choses que je tenais pour vraies encore une semaine plus tôt, des idées que j'avais trouvées dans un livre pouvaient être pulvérisées par un autre ouvrage. Avions-nous conservé quoi que ce soit de notre héritage africain ? Selon E. Franklin Frazier, tout a été détruit, et ce saccage est la preuve de l'infamie de nos ravisseurs. Melville J. Herskovits prétend qu'il a perduré, ce que démontre la résilience de notre âme africaine. Dès ma deuxième année à l'université, j'avais pris l'habitude de tenter de concilier dans mon esprit l'intégration prônée par Frederick Douglass et le repli nationaliste défendu par Martin Delany. Pouvaient-ils avoir tous les deux raison ? Moi qui étais venu chercher une parade, une revue militaire de guerriers défilant au pas, je me retrouvais au milieu d'une échauffourée historiographique, d'un troupeau de dissidents qui parfois marchaient à l'unisson, mais qui trop souvent partaient dans des directions opposées.

Quand je faisais une pause, j'allais voir les marchands ambulants qui s'alignaient dans les rues voisines et je déjeunais sur la pelouse du Yard. J'imaginais Malcolm, son corps derrière les barreaux mais l'esprit libre grâce à la lecture, troquant ses yeux humains contre le pouvoir de voler. Moi aussi, je me sentais prisonnier de mon ignorance, de questions qui, je ne l'avais pas encore saisi, étaient plus qu'un simple instrument ; je me sentais prisonnier de mon incompréhension et même de Howard. C'était une école, après tout. J'aimais la recherche, je voulais apprendre, mais je ne parvenais pas à faire coïncider ma façon d'accéder au savoir et les attentes de mes professeurs. J'associais la quête de connaissance à la liberté, au droit d'affirmer ma curiosité et de la laisser me guider de livre en livre. J'étais fait pour la bibliothèque, pas pour la salle de classe. Je m'y sentais captif des centres d'intérêt des autres. La bibliothèque était ouverte, infinie, sans entraves. Peu à peu, je me découvrais. Malcolm, quand il donnait le meilleur de lui-même, me montrait la voie. Malcolm, qui changeait constamment, évoluait constamment, s'acheminait vers une vérité située au-delà des limites de sa vie, de ses limites physiques. J'étais en mouvement, moi aussi, toujours déterminé à me réapproprier mon corps, mais empruntant une autre voie que celle que j'avais imaginée.

Je n'étais pas seul dans ma quête. J'ai rencontré ton oncle Ben à La Mecque. Comme moi, il venait d'une ville où le quotidien était si différent du Rêve que des explications s'imposaient. Comme moi, il était arrivé à Howard poussé par le désir de connaître la nature et l'origine de cet écart. Nous partagions un même scepticisme, et la conviction que la lecture pouvait nous offrir une issue. Il avait du succès auprès de la gent féminine et s'il était un lieu pour être aimé, c'était bien celui-là, car il se disait – et nous le tenions pour vrai – que nulle part ailleurs on ne trouvait plus éblouissante assemblée de femmes. D'une certaine manière, cela faisait également partie de la quête : la beauté du corps noir était l'incarnation de la beauté de l'histoire et de la culture noires. Ton oncle Ben est devenu un compagnon de route pour la vie, et j'ai découvert le plaisir particulier qu'il y avait à cheminer aux côtés d'autres noirs, parce qu'ils savaient combien le voyage était long et semé d'embûches.

Je sillonnais la ville pour rencontrer d'autres chercheurs à des conférences, des dédicaces ou des lectures de poésie. Je continuais à écrire de mauvais poèmes. Je les récitais lors de scènes ouvertes, dans des cafés fréquentés principalement par d'autres poètes eux aussi conscients des dangers qui menaçaient leur corps. Tous étaient plus âgés et plus sages que moi. Beaucoup étaient cultivés et n'hésitaient pas à me pousser dans mes retranchements pour m'aider à progresser. Qu'entendais-je *exactement* par perdre mon corps ? Si chaque corps noir était précieux, unique entre tous, si Malcolm avait raison et qu'il fallait préserver sa vie, comment pouvais-je assimiler toutes ces existences individuelles à un bloc, au résidu informe du pillage ? Comment pouvais-je privilégier le rayonnement de l'énergie noire par rapport à chaque trait de lumière singulier ? Ils m'offraient des conseils pour apprendre à écrire, et par conséquent à penser. Le Rêve se nourrit de généralisations. Il a besoin de réduire le nombre de questions, de favoriser les réponses immédiates. Il est l'ennemi de l'art, de la réflexion courageuse, de l'écriture honnête. Et je n'ai pas tardé à voir que ce qui était vrai pour les fictions inventées par les Américains s'appliquait aussi aux rêves que j'étais allé chercher pour les remplacer. J'avais cru devoir produire une image inversée du monde extérieur, trouver une civilisation noire pour répondre à la civilisation blanche. Et voilà que je doutais de la logique d'une telle démarche. J'avais perdu en route le questionnement de soi que m'avait enseigné ma mère, ou plutôt je n'avais pas pris conscience de sa signification profonde et essentielle. Je commençais à peine à me méfier de ma propre humanité, de ma peine et de ma colère : je n'avais pas compris que, si l'oppression pouvait anoblir, elle pouvait aussi mener à l'illusion.

L'art que j'apprenais à aimer se logeait dans les interstices, dans ce qui reste à défricher, dans la souffrance, dans l'interrogation. Les poètes plus âgés m'ont fait découvrir des artistes qui tiraient leur énergie de ce vide : Bubber Miley, Otis Redding, Sam & Dave, C. K. Williams, Carolyn Forché. Mes guides s'appelaient Ethelbert Miller, Kenneth Carroll, Brian Gilmore. Il est important que tu saches leurs noms, que tu comprennes que je n'ai rien accompli seul. Je me souviens d'avoir passé un moment avec Joel Dias-Porter, qui n'étudiait pas à Howard mais que j'ai rencontré à La Mecque, et d'avoir commenté avec lui chaque vers de « Middle Passage » de Robert Hayden. J'étais sidéré par tout ce que le poème parvenait à transmettre, l'air de rien : Hayden réussissait à exprimer la joie et le tourment sans les citer, créant des images plutôt que des slogans. Il imaginait les personnes réduites en esclavage pendant le Passage du milieu du point de vue des esclavagistes, ce qui me laissait perplexe : pourquoi donner la parole à l'oppresseur ? Mais les poèmes de Hayden ne parlaient pas, ils évoquaient, ils suscitaient des visions :

> « *You cannot stare that hatred down or chain*
> *the fear that stalks the watches*[31] »

Je n'étais pas à bord d'un navire négrier. Ou peut-être que si, car je reconnaissais dans l'œuvre de Hayden des sentiments que j'avais éprouvés à Baltimore : la haine intense, le désir d'immortalité, la volonté indéfectible. Et c'était ce que j'avais perçu chez Malcolm, mais jamais de cette manière tranquille, pure et sans fard. Je pénétrais dans l'atelier de la poésie, une pratique qui se révélait être une forme concentrée de ce que ma mère m'avait enseigné quand j'étais enfant : l'écriture comme accès à l'art de penser. La poésie vise la sobriété ; les mots superflus et inutiles doivent être écartés, et je découvrais que ces mots-là coïncidaient souvent avec les pensées superflues et inutiles. La poésie ne se limite pas à transcrire des idées – pas plus que la bonne littérature. Je voulais apprendre à écrire, ce qui, au bout du compte, signifiait toujours poser un regard sans concession sur sa propre innocence et ses justifications, ainsi que ma mère me l'avait appris. La poésie était ce qu'il restait de mes pensées une fois débarrassées de leurs alibis, lorsque je me retrouvais face aux froides vérités de la vie.

Ces vérités, je les retrouvais dans les textes d'autres poètes à Washington. Elles étaient faites de petites choses concrètes : des tantes et des oncles, une cigarette après l'amour, des filles assises sur un perron qui buvaient dans des bocaux. Elles permettaient de dépasser les slogans sur le corps noir, elles lui donnaient de la couleur et de la texture. Elles rendaient mieux compte de la diversité qui se déployait sur le Yard que tous mes discours allitératifs sur les armes, les révolutions ou les hymnes à la gloire des dynasties perdues de l'Afrique antique. Après ces lectures, j'emboîtais le pas aux poètes qui continuaient de discuter dans U Street ou se dirigeaient vers un café pour débattre de tout et de rien : la littérature, la politique, la boxe. Leurs disputes rejoignaient la tradition de discorde que j'avais découverte à Moorland. Au point où je me demandais si les désaccords, la contradiction, le chaos et peut-être même la peur n'étaient pas une force. J'apprenais à accepter l'inquiétude que j'éprouvais à Moorland, et le désordre de mon esprit. La sensation lancinante d'inconfort, la confusion, le vertige intellectuel n'étaient pas un signal d'alarme. Elles étaient un phare.

Je commençais à saisir que ce malaise était précisément le but de ma formation, un processus qui ne couronnerait pas mon travail en m'octroyant mon propre Rêve, mais qui les briserait tous, qui détruirait tous les mythes réconfortants de l'Afrique, de l'Amérique et d'ailleurs, pour me laisser face à l'humanité dans ce qu'elle avait de plus effroyable. Et des choses effroyables, il s'en passait, même parmi nous. Tu dois comprendre cela.

Je savais par exemple qu'à la périphérie de Washington se trouvait une grande enclave résidentielle peuplée de noirs, qui semblaient maîtres de leurs corps, autant qu'on puisse l'être. Il s'agissait du comté du Prince George, PG pour ses habitants. À mes yeux, ces gens étaient très riches. Ils possédaient les mêmes maisons, les mêmes jardins et les mêmes salles de bains que les Américains que je voyais à la télé. Ces noirs choisissaient eux-mêmes leurs responsables politiques, pourtant ceux-ci supervisaient une police qui était aussi impitoyable que dans le reste du pays. Les poètes qui avaient élargi mon monde connaissaient bien ce comté. Selon eux, sa police était composée de pirates, de gangsters, de malfrats, de pillards qui agissaient sous couvert de la loi. S'ils me racontaient tout cela, c'était pour protéger mon corps, mais j'en ai tiré une autre leçon : être noir et beau n'a rien de glorieux. Être noir n'immunise pas contre la logique de l'histoire et la séduction du Rêve. L'écrivain, et c'était ce que j'étais en train de devenir, doit se méfier de tous les Rêves et de toutes les nations, y compris de la sienne. Surtout de la sienne.

Je prenais peu à peu conscience que je ne pouvais pas me contenter de collectionner les trophées de mon peuple, si je voulais être libre, et ce grâce au département d'histoire de Howard. Mes professeurs n'avaient pas peur de me dire que ma quête de mythes était vouée à l'échec, que les récits dont je me berçais ne correspondaient à aucune vérité. Plus encore, ils estimaient que c'était leur devoir de m'ouvrir les yeux sur l'histoire que j'instrumentalisais. Des Malcolm en herbe, ils en avaient vu passer, et ils étaient prêts à leur répondre. Leur méthode était brutale et directe. La peau noire impliquait-elle la noblesse ? Toujours ? *Oui.* Que dire des noirs qui avaient pratiqué l'esclavage pendant des millénaires, qui avaient vendu des êtres humains de l'autre côté du Sahara, puis de l'autre côté de l'océan ? *Ils avaient été dupés.* Les rois noirs étaient-ils à l'origine de toutes les civilisations ? Étaient-ils à la fois les maîtres incontestés de la galaxie et des marionnettes crédules ? Et que voulais-je dire par « noir » ? *Eh bien, noir, quoi.* Pensais-je que c'était une catégorie intemporelle qui avait toujours existé ? *Euh, oui ?* Pouvait-on sincèrement imaginer que, parce que la couleur de peau était importante pour moi, elle l'avait été depuis la nuit des temps ?

Je me souviens notamment d'un cours sur l'Afrique centrale. Linda Heywood était une femme mince à lunettes qui parlait avec un accent trinidadien prononcé, dont elle usait comme d'un marteau pour enfoncer quelques vérités dans le crâne des étudiants qui confondaient agit-prop et travail de recherche. Son Afrique n'avait rien de romantique, en tout cas pas au sens que j'attribuais au mot romantique. Elle la faisait pourtant remonter à la reine Njinga – mon Tolstoï –, l'héroïne qui trônait dans ma vitrine à trophées. Mais lorsqu'elle nous rapporta l'histoire de la souveraine menant les négociations assise sur le dos d'une femme, ce fut sans l'enjoliver, et les écailles me tombèrent des yeux : parmi tous ceux qui étaient présents lors de ces pourparlers, il y a des siècles, mon corps fragile, menacé dans la rue et effrayé à l'école, était beaucoup plus proche de celui de la conseillère, transformée en chaise pour le bon plaisir d'une héritière qui régnait sur le seul monde que connaissaient ses sujets.

Je suivais également un cours sur l'histoire de l'Europe jusqu'au XIXe siècle. Là, je découvrais des noirs vus à travers un regard « blanc », très différents des portraits habituels : ces noirs-là paraissaient nobles et humains. Je me souviens des traits pleins de douceur d'Alexandre de Médicis, de la prestance royale du mage noir de Bosch. Ces images datant du XVIe et du XVIIe siècle offraient un contraste saisissant avec les représentations postérieures à l'esclavage et les caricatures racistes qui m'étaient familières. Quelle était la différence ? Dans mon cours d'introduction à l'histoire des États-Unis, j'avais vu des tableaux qui prêtaient aux Irlandais les mêmes traits avides, concupiscents et simiesques. Peut-être y avait-il eu d'autres populations terrorisées et menacées au cours de l'histoire. Les Irlandais avaient peut-être été eux aussi dépossédés de leur corps à un moment donné. Être qualifié de « noir » n'avait peut-être aucun rapport avec de quelconques caractéristiques physiques, c'était simplement une façon de désigner ceux qui étaient tout en bas de l'échelle, un être humain réduit à l'état d'objet, de paria.

C'était un apprentissage éprouvant. Je le trouvais physiquement douloureux et épuisant. Je ne tarderais pas à découvrir le vertige, l'étourdissement que procure toute odyssée mais, dans les premiers temps, cette avalanche de découvertes contradictoires me déprimait. Je n'avais rien de sacré ni de particulier ; j'étais noir en raison de l'histoire et de mon héritage. Tomber, être enchaîné et opprimé n'était pas noble en soi. Le sang noir n'avait pas de signification intrinsèque. En fait, le sang noir n'existait pas, la *peau* noire n'était même pas noire. À présent, quand je songeais à mon besoin de collectionner les trophées, à mon désir de vivre selon les critères de Saul Bellow, je me rendais compte qu'il ne s'agissait pas d'une solution, mais toujours et encore de la peur : la peur qu'« ils » aient raison, que ceux qui se prétendaient les créateurs et les héritiers de l'univers disent vrai. Et cette peur était si profondément ancrée en nous que nous acceptions leurs normes et leur définition de la civilisation et de l'humanité.

Ce n'est pas le cas de tout le monde, heureusement. C'est à peu près à cette époque que j'ai découvert un essai de Ralph Wiley en réponse à Saul Bellow : « Tolstoï est le Tolstoï des Zoulous. À moins que vous trouviez un intérêt à découper ce qui appartient à l'humanité en territoires tribaux distincts[32]. » Voilà. J'avais accepté le postulat de Saul Bellow. En réalité, il n'était pas plus proche de Tolstoï que je ne l'étais de Njinga. Et si j'étais plus proche de l'un des deux, ce serait parce que je l'avais choisi, et non en raison d'une destinée inscrite dans mon ADN. Mon erreur n'était pas de m'être approprié le rêve d'un autre, mais d'avoir accepté la notion même de rêve, le besoin de fuir la réalité et toutes les croyances liées à la fiction de la race.

Malgré tout, je savais que nous formions bien un ensemble, que nous étions une tribu, inventée et pourtant réelle. Il suffisait de contempler le Yard aux premiers beaux jours du printemps pour s'en rendre compte, quand chaque région, chaque comté, chaque quartier, chaque recoin de la diaspora semblait avoir envoyé un émissaire à la grande fête mondiale. Ces moments sont restés gravés dans ma mémoire comme une chanson d'OutKast, empreints de désir et de joie. Un mec au crâne rasé, lunettes de soleil et débardeur, se tient de l'autre côté de Blackburn, le centre étudiant, un long boa déployé sur ses épaules musclées. Une militante de la conscience noire, jean délavé et dreadlocks attachées, l'observe du coin de l'œil en riant. Je me trouve devant la bibliothèque, en train de discuter de la victoire du Parti républicain au Congrès ou de la place du Wu-Tang Clan dans le canon musical. Un type en tee-shirt Tribe Vibe s'approche, me fait un check, et nous parlons des bacchanales noires des vacances de printemps – Freaknik, Daytona, Virginia Beach –, nous demandant si cette année, nous ferons le voyage. Nous ne le ferons pas. Nous avons tout ce qu'il faut ici. Nous sommes un peu étourdis, car nous nous souvenons de nos villes natales, où les premiers jours du printemps étaient toujours mêlés d'angoisse. À La Mecque, nous vivons sans peur, nous participons à la grande parade noire.

Je faisais mes premiers pas d'adulte. Je m'habituais à vivre seul, à me préparer à manger, à aller et venir comme bon me semblait, à avoir une chambre à moi, et je ne désespérais pas d'y ramener l'une des belles femmes que je voyais partout autour de moi. Au cours de ma deuxième année à Howard, je suis tombé amoureux d'une ravissante Californienne qui traversait le campus vêtue d'une longue jupe fluide, les cheveux enturbannés. Je me souviens de ses grands yeux bruns, de sa large bouche et de sa voix paisible. Je la retrouvais sur le Yard, pendant ces journées de printemps. Je l'appelais et levais les bras comme un arbitre de football américain signalant un *touchdown,* les écartant pour former le W de *what's up ?* parce que c'était ainsi qu'on se saluait à l'époque. Son père venait de Bangalore. Où était-ce ? Quelles lois s'appliquaient, là-bas ? Je ne me rendais pas compte de la bêtise de mes questions. Je me souviens très bien de mon ignorance, en revanche. J'avais le sentiment d'être un barbare quand je mangeais avec une fourchette et que je la regardais manger avec les doigts. Je me demandais pourquoi elle portait autant de foulards. Après les vacances de printemps, elle était revenue d'Inde avec un *bindi* sur le front et des photos de ses cousines souriantes. Je lui disais : « Hé, t'es noire ma négresse », parce que je ne connaissais rien d'autre à l'époque. Mais sa beauté et son calme me déstabilisaient. Lorsqu'elle m'a embrassé dans mon petit appartement, le sol s'est ouvert sous mes pieds et m'a englouti en une fraction de seconde. Combien de poèmes épouvantables ai-je écrits en pensant à elle ? Je sais à présent ce qu'elle représentait pour moi : un pont intergalactique, un saut dans l'hyperespace, une porte vers les étoiles me permettant de me propulser très loin de cette planète aveugle qui nous enchaînait. Elle avait vu des mondes inconnus, et elle portait l'héritage de ces mondes dans son corps noir spectaculaire.

Peu de temps après, je suis tombé amoureux d'une autre fille, grande, coiffée de longues dreadlocks qui flottaient sur ses épaules. Sa mère était juive, et elle était originaire d'une petite ville de Pennsylvanie majoritairement blanche. À présent, à Howard, elle naviguait entre hommes et femmes, et non contente de le revendiquer fièrement, elle en parlait comme si c'était normal, *comme si elle était normale*. Je sais que pour toi, c'est banal, mais je venais d'un endroit – les États-Unis – où la cruauté envers ceux qui en amour obéissaient à leur inclination profonde faisait loi. J'étais sidéré. Il y avait des noirs qui faisaient ce genre de choses ? Oui. Et bien plus que ça. La fille aux longues dreads vivait dans une maison avec un professeur de Howard lui-même marié à une blanche. Le professeur couchait avec des hommes. Son épouse avec des femmes. Et tous les deux couchaient ensemble. Ils avaient un petit garçon qui doit être à l'université, aujourd'hui. « Pédé » était un mot que j'avais employé toute ma vie. Et voilà qu'ils étaient partout autour de moi, la Cabale, le Sabbat des sorcières, les Autres, les Monstres, les Marginaux, les Pédés et les Gouines, sous leurs oripeaux humains.

Je suis noir, j'ai été spolié et j'ai perdu mon corps. Mais peut-être étais-je moi aussi capable de pillage, peut-être étais-je prêt à prendre le corps d'autrui

pour m'affirmer au sein d'un groupe. Peut-être l'avais-je déjà fait. La haine forge l'identité. Le négro, le pédé ou la salope délimitent une frontière nette entre nous et l'autre, ils éclairent ce que, ostensiblement, nous ne sommes pas ; ils éclairent le Rêve, qu'il s'agisse de se convaincre qu'on est blanc ou qu'on est un homme. Nous désignons l'étranger haï et confirmons ainsi notre appartenance à la tribu. Mais je sentais ma tribu voler en éclats et se recomposer autour de moi. Je fréquentais ces gens, parce qu'ils formaient la famille d'une personne que j'aimais. Leurs petits actes quotidiens – ouvrir la porte, préparer le repas dans la cuisine, danser sur la musique d'Adina Howard – m'agressaient et élargissaient ma perception de l'humanité. Assis dans le salon, je les écoutais échanger des plaisanteries dont le sens m'échappait parfois, tantôt les jugeant, tantôt me laissant griser.

Cette fille m'a appris à aimer autrement. Chez moi, tes grands-parents régnaient par la peur et le bâton. Si j'ai tâché de me comporter différemment avec toi, c'est en partie parce que j'ai vu à La Mecque qu'il existait d'autres manières d'aimer. Voici comment la graine a été semée : ce matin-là, je m'étais réveillé avec un léger mal de tête qui s'est aggravé au fil des heures. Je devais aller travailler. En chemin, j'ai croisé la fille aux dreads qui se rendait en cours. Me voyant mal en point, elle m'a donné de l'ibuprofène, puis elle a poursuivi sa route. En milieu d'après-midi, je tenais à peine debout. J'ai appelé mon responsable. À son arrivée, je suis allé m'allonger dans la réserve. Je ne savais pas quoi faire. J'avais peur. Je ne comprenais pas ce que j'avais. Je ne savais pas qui appeler. Je frissonnais, à demi éveillé, espérant toujours que ça allait passer, quand mon responsable est venu me prévenir que quelqu'un voulait me voir. C'était elle. Elle m'a aidé à me lever. Dehors, elle a hélé un taxi. Pendant le trajet, j'ai ouvert la portière et j'ai vomi dans la rue. Je me souviens qu'elle me tenait fermement pour que je ne tombe pas, puis elle m'a pris dans ses bras. Elle m'a emmené dans la maison où vivaient des êtres humains qui s'aimaient autrement, elle m'a mis au lit et a inséré *Exodus* dans le lecteur de CD, le son à peine plus haut qu'un murmure. Elle a laissé un seau et une carafe d'eau à côté de moi. Il fallait qu'elle aille en cours. J'ai dormi. À son retour, je me sentais mieux. Nous avons mangé. La fille aux dreads qui couchait comme bon lui semblait, parce que c'était sa manière à elle d'affirmer que son corps lui appartenait, était là. J'avais grandi dans un foyer tiraillé entre l'amour et la peur, où il n'y avait pas de place pour la douceur. Cette fille m'a montré que l'amour pouvait aussi être tendre et indulgent ; que, doux ou sévère, l'amour était un acte de bravoure.

J'étais devenu incapable de prédire où je trouverais mes héros. Parfois, j'allais faire un tour dans les clubs de U Street avec des amis. C'était l'ère de Bad Boy Records et de The Notorious B.I.G., « One More Chance » et « Hypnotize ». Je ne dansais presque jamais, même si j'en mourais d'envie. J'étais paralysé par une peur héritée de l'enfance. Je regardais les autres noirs se mouvoir, la manière dont ils dansaient dans ces clubs, comme s'ils pouvaient faire ce qu'ils voulaient de leur corps, en apparence aussi libre que la voix de Malcolm. A priori, les noirs ne contrôlaient rien, et surtout pas ce corps qui pouvait être contraint par la police et détruit par des armes à feu de plus en plus nombreuses, surtout pas ce corps qui pouvait être violé, battu et emprisonné. En boîte, pourtant, sous l'influence du rhum Coca – deux pour le prix d'un –, envoûtés par les lumières tamisées et le rap, ils maîtrisaient chaque pas, chaque hochement de tête, chaque pirouette.

Je rêvais d'écrire comme ils dansaient, avec dextérité, force, joie et chaleur. J'allais en cours épisodiquement. Je sentais qu'il était temps de partir, de me déclarer diplômé de La Mecque, à défaut de la fac. Je publiais des critiques musicales, des reportages et des articles de fond dans un journal local indépendant, ce qui m'exposait à une diversité plus grande encore. Je travaillais pour des rédacteurs en chef – d'autres professeurs – qui étaient les premiers blancs avec qui je nouais une relation personnelle. Ils bousculaient mes préjugés. Ils n'avaient peur ni de moi ni pour moi. Au contraire, ils voyaient dans ma curiosité brouillonne et ma gentillesse quelque chose de précieux à cultiver. Ils m'ont enseigné l'art du journalisme, une technologie d'une efficacité redoutable quand on a une âme de chercheur. J'écrivais sur l'actualité locale et je découvrais qu'on se confiait facilement à moi, que la douceur qui faisait de moi une cible dans la rue incitait à présent les gens à me raconter leur histoire. Je n'en revenais pas. J'étais à peine sorti des brumes de l'enfance, où les questions que je me posais finissaient par s'éteindre toutes seules dans ma tête, et voilà que je n'avais qu'à décrocher mon téléphone si je désirais savoir pourquoi un magasin très fréquenté avait fermé, pourquoi un spectacle avait été annulé, pourquoi il y avait autant d'églises et si peu de supermarchés. Le journalisme mettait à ma disposition un nouvel outil de recherche, un autre moyen de révéler les lois qui assujettissaient mon corps. Quelque chose prenait forme, même si j'ignorais encore exactement quoi.

À Moorland, je pouvais étudier les récits et les traditions. Sur le Yard, je voyais ces traditions mises en pratique. Et grâce au journalisme, j'étais en mesure d'interroger directement les gens à ce sujet, ou à propos de tout ce qui me préoccupait. Ma vie était en grande partie définie par des choses que j'ignorais. Pourquoi habitais-je un monde où les adolescents dégainaient un flingue sur le parking d'un 7-Eleven ? Pourquoi mon père et tous les parents que je connaissais trouvaient-ils normal de nous corriger à coups de ceinture ? Pourquoi la vie était-elle si différente là-bas, au-delà des astéroïdes ? Qu'avaient-ils de plus que moi, ces gens dont je voyais autrefois l'existence scintiller dans mon salon ?

La fille aux longues dreadlocks qui m'a transformé et que je voulais aimer aimait de son côté un garçon à qui je pense chaque jour et à qui je penserai sans doute jusqu'à la fin de ma vie. Je me dis parfois qu'il est une invention, et d'une certaine manière c'est le cas, dans la mesure où ceux qui meurent jeunes restent auréolés de tout ce qu'ils auraient pu faire, de tout ce qu'on leur a pris. Malgré tout, je sais que je l'aimais vraiment, ce garçon, Prince Jones. Autrement dit, je souriais toujours en sa présence, car j'étais sensible à la chaleur qui émanait de lui, et j'étais un peu triste au moment de le quitter. Il faut savoir que Prince Jones portait son nom avec grâce. Il était séduisant. Il était grand, la peau marron, mince et robuste à la fois, comme un receveur de football américain. Il était le fils d'une éminente radiologue. Il était chrétien évangélique, born again. Je ne partageais pas sa foi, mais je la respectais. Il était bienveillant. Il rayonnait de générosité, il avait le contact facile et tout lui semblait aisé. En réalité, ce n'est jamais aussi simple, mais certains parviennent à créer l'illusion sans effort. Prince était de ceux-là. Je ne peux parler que de ce que j'ai vu, de ce que j'ai ressenti. Il y a des gens qu'on ne connaît pas nécessairement très bien, mais qui pourtant vivent en nous. Et quand ils sont détruits, quand ils perdent leur corps et que l'énergie noire se disperse, ils laissent une blessure.

Je suis tombé une dernière fois amoureux à La Mecque ; une fille de Chicago m'a fait tourner la tête et m'a délivré de mes hésitations adolescentes. C'était ta mère. Je nous revois dans son salon, avec un groupe d'amis. J'avais une bière dans une main et un joint dans l'autre. J'ai tiré une taffe avant de le passer à la fille de Chicago. Quand j'ai effleuré ses longs doigts élégants, j'ai légèrement tremblé sous le choc. Elle a porté le joint à ses lèvres prune, a soufflé, puis aspiré de nouveau. Une semaine plus tôt, je l'avais embrassée, et, à présent que je la regardais (alors que la fumée commençait à faire son effet), je sentais mon esprit s'affoler et je me demandais ce que ça faisait d'être aspiré par elle, d'être exhalé, de revenir vers elle, et de la faire planer.

Elle n'avait pas connu son père, ce qui était très fréquent dans mon entourage. J'estimais que ces hommes – ces « pères » – étaient des lâches de la pire espèce, même si j'étais conscient que la galaxie jouait avec des dés pipés, et que ce n'était pas un hasard si on trouvait une plus large proportion de lâches dans nos rangs. La fille de Chicago le savait, elle aussi, mais elle entrevoyait autre chose : que nous n'étions pas tous égaux face au racket des corps, que celui des femmes était offert au pillage d'une manière que je ne pourrais jamais comprendre pleinement. Très jeune, on l'avait prévenue qu'elle avait intérêt à être intelligente parce qu'être jolie ne suffirait pas. Plus tard, on lui avait dit qu'elle était mignonne pour une noire à la peau foncée. Il émanait d'elle une conscience des injustices cosmiques qui me rappelait ce que je pressentais chaque fois que mon père s'emparait de sa ceinture, chaque fois que je voyais dans mon salon les images de cet autre monde, où des chérubins blonds exhibaient leurs petits camions et leurs cartes de foot, et que je percevais confusément le mur entre le monde et moi.

Rien n'a jamais été planifié avec ta mère, même pas toi. Nous avions tous les deux vingt-quatre ans à ta naissance, un âge normal pour beaucoup d'Américains mais, dans la classe sociale qui était devenue la nôtre, nous passions pour des parents adolescents. On nous demandait souvent d'un air inquiet si nous comptions nous marier. Le mariage nous était présenté comme un bouclier contre les autres femmes, les autres hommes, l'érosion du quotidien, la lessive et la vaisselle sale. Mais ta mère et moi connaissions trop de couples mariés qui s'étaient séparés pour moins que ça. C'était toi, notre bague au doigt. Nous t'avions conçu sans te demander ton avis. Ne serait-ce que pour cette raison, tu méritais toute la protection que nous pouvions t'offrir. Le reste était secondaire. Si je te donne l'impression que c'était un poids, c'est que je me suis mal exprimé. En vérité, je te dois tout. Avant toi, j'avais mes questions et rien à perdre hormis ma vie, autrement dit pas grand-chose, car j'étais un jeune homme et je pouvais encore facilement me laisser déborder par mes faiblesses. Mais savoir que, si je tombais, je ne tomberais plus seul m'a donné une assise, m'a domestiqué.

C'était ce que je me disais, du moins. Croire que mon destin et celui de ma famille dépendaient de moi me réconfortait. « Tu vas devoir te conduire en homme, disons-nous à nos fils. N'importe qui peut faire un bébé, mais il faut être un homme pour être père. » J'avais toujours entendu ça. C'était le langage de la survie, un mythe qui nous aidait à supporter le sacrifice des corps, car notre vie pouvait être prise à tout instant, que l'on se conduise en homme ou non. Comme si nos mains nous avaient appartenu un jour. Comme si le pillage de l'énergie noire n'était pas au cœur de notre galaxie. Si j'avais un doute, je n'avais qu'à regarder autour de moi.

Un été, je suis allé voir ta mère à Chicago avec des amis. J'ai emprunté la voie express Dan Ryan et j'ai découvert le State Street Corridor : une enfilade de logements sociaux délabrés sur plus de six kilomètres. Il y avait des cités partout, à Baltimore, mais rien d'aussi démesuré. L'état du parc immobilier était une faillite morale non seulement pour ses habitants, mais pour l'ensemble de la zone urbaine, la métropole des banlieusards qui passaient devant chaque jour pour aller travailler et toléraient une telle indignité. Pourtant, dans ces logements, il y avait bien plus à voir que ce que je pouvais imaginer à l'époque.

Ta grand-mère maternelle nous a rendu visite une fois, pendant la grossesse. Elle a dû être horrifiée. Nous habitions dans le Delaware. Nous n'avions pratiquement aucun meuble. J'avais quitté Howard sans diplôme et je vivais des maigres émoluments d'un journaliste indépendant. Le jour de son départ, je l'ai amenée à l'aéroport. Ta mère était son unique enfant, de même que tu es mon unique enfant. T'ayant vu grandir, je me rends compte que rien ne devait être plus précieux à ses yeux. « Prends soin de ma fille », m'a-t-elle dit. Lorsqu'elle est descendue de la voiture, je n'étais plus le même. Je sentais que j'avais franchi un seuil, que j'avais quitté le vestibule de l'existence pour le salon. Le passé appartenait à une autre vie. Il y a eu un avant et un après toi et, dans cet après, tu étais le dieu que je n'avais jamais eu. Je me suis plié à tes besoins. Désormais, je ne pouvais plus simplement survivre par instinct. Je devais survivre pour toi.

Tu es né cet été-là, en août. Je pensais à la diversité de La Mecque : des noirs du Belize, des noirs de mère juive, des noirs dont le père venait de Bangalore, des noirs de Toronto et de Kingston, des noirs qui parlaient russe et des noirs qui parlaient espagnol, des noirs qui écoutaient Mongo Santamaría, d'autres qui comprenaient les mathématiques ou étudiaient les os dans des laboratoires, mettant au jour les mystères de ceux qui avaient été réduits en esclavage. Le monde était plus vaste que ce que j'avais pu imaginer enfant, et je voulais qu'il soit à toi. Je souhaitais que tu saches que tu ne le trouverais jamais tout entier à l'école, ni dans la rue, ni seul, ni dans une collection de trophées. Je voulais que tu puisses revendiquer le monde entier, tel qu'il était. Que « Tolstoï est le Tolstoï des Zoulous » ne fasse aucun doute pour toi. Malgré mes aspirations cosmopolites, j'étais conscient de la puissance de notre héritage, car c'était à La Mecque fondée par mes ancêtres que j'avais accédé à la connaissance, et leur combat m'attachait d'autant plus à elle.

Le Combat, tu le portes dans ton nom, Samori : il te vient de Samori Touré, qui s'est opposé aux colonisateurs français pour rester maître de son corps. Il est mort en captivité, mais son geste et d'autres que le sien n'ont pas été vains, car on tire profit de la lutte même quand son objectif véritable nous échappe, ce qui est souvent le cas. J'ai appris cela en vivant parmi un peuple que je n'aurais jamais choisi de mon plein gré, les avantages d'être noir n'étant pas à proprement parler flagrants. Nous sommes, pour citer le titre d'un ouvrage de Derrick Bell, « les visages au fond du puits ». Pourtant, ce puits recèle une sagesse à laquelle je dois sans doute ce qu'il y a de meilleur dans ma vie. Et tu en fais partie.

La rue possédait également sa sagesse. Il m'arrive de songer à la vieille règle selon laquelle si un garçon se faisait piéger dans un quartier dangereux, ses amis devaient le soutenir, quitte à prendre une dérouillée, eux aussi. Je sais à présent que cette loi contient la clé de toute existence. Aucun de nous n'était assuré de terminer le combat sur ses deux pieds, les poings levés vers le ciel. Tout dépendait du nombre, de la force et des armes de l'ennemi. Parfois, nous essuyions une raclée. Mais nous devions nous battre et fuir ensemble, parce que ça, c'était de notre ressort. En aucun cas on ne livrait son corps ni celui de ses amis volontairement. La sagesse de la rue est là : nous ne l'avions pas construite, nous n'avions pas choisi son orientation, mais nous pouvions – nous devions – façonner notre attitude. C'est la signification profonde de ton nom : la lutte a un sens en soi, qui ne dépend pas de l'issue de la bataille.

Cette sagesse n'est pas l'apanage de notre peuple, mais je pense qu'elle a une valeur particulière pour ceux qui sont nés du viol de masse, dont les ancêtres ont été arrachés à leur terre pour être transformés en polices d'assurance et en actions. Je t'ai appris à respecter chaque être humain dans sa singularité, et tu dois le même respect au passé. L'esclavage n'est pas un amas de chair indistinct. C'est un être singulier, une femme asservie dont l'esprit est aussi actif que le tien, dont la palette de sentiments est aussi variée que la tienne, qui préfère quand la lumière tombe à un certain endroit de la forêt, se plaît à pêcher dans les tourbillons de la rivière, aime sa mère à sa manière compliquée, trouve que sa sœur parle trop fort, a un cousin préféré, une saison favorite, est une couturière habile et sait en son for intérieur qu'elle est aussi intelligente et capable qu'une autre. L'« esclavage », c'est cette même femme, née dans un monde qui clame haut et fort son amour de la liberté et l'inscrit dans ses textes fondateurs, un monde où ces ardents défenseurs de la liberté ont fait d'elle une esclave, de sa mère une esclave, de son père un esclave, de sa fille une esclave, si bien que, lorsqu'elle regarde derrière elle, tout ce qu'elle voit, c'est l'esclavage. Elle peut espérer autre chose. Elle peut imaginer un autre avenir pour ses petits-enfants. Mais à sa mort, le monde – le seul qu'elle connaîtra jamais – s'achève. Pour elle, l'esclavage n'est pas une parabole. C'est une damnation. C'est une nuit sans fin. Une nuit qui recouvre presque toute notre histoire. N'oublie pas que nous avons été asservis plus longtemps que nous avons été libres, dans ce pays. N'oublie jamais que pendant deux cent cinquante ans, les noirs sont nés enchaînés – des générations successives n'ont connu que les fers.

Tu dois faire l'effort de te rappeler ce passé dans toutes ses nuances, ses erreurs et son humanité. Tu dois résister à la tentation des discours réconfortants sur la loi divine, des contes de fée où il est question de la marche irrépressible de la justice. Ceux qui ont été réduits en esclavage ne sont pas des pavés sur ta route, et leurs vies individuelles ne sont pas des chapitres de ton récit de rédemption. Ce sont des êtres humains qui ont été transformés en carburant pour alimenter la grande machine américaine. L'esclavage n'était pas destiné à s'achever un jour, et notre situation actuelle – en dépit de tous les progrès – ne rachètera pas la vie de ceux qui n'ont jamais demandé la gloire posthume et sacrée de mourir pour leurs enfants. Nos triomphes ne compenseront jamais ce qu'ils ont subi. Nos triomphes ne sont pas nécessairement pertinents. La lutte est peut-être tout ce que nous avons, car le dieu de l'histoire est athée, et rien en ce monde n'est assuré de se produire. Chaque matin, tu dois te réveiller, conscient que toute promesse peut être trahie, à commencer par la promesse de te réveiller tout court. N'y vois pas du désespoir. Telles sont les priorités de l'univers : les verbes sont plus forts que les noms, les actes que les situations, et la lutte est plus efficace que l'espoir.

L'avènement d'un monde meilleur ne repose pas pour autant sur tes épaules, même si je sais que des hommes et des femmes te disent quotidiennement le contraire. Si le monde a besoin d'être sauvé, c'est à cause de ces gens-là. Je ne suis pas cynique. Je t'aime, j'aime le monde, et je l'aime chaque jour un peu plus, mais tu es un garçon noir et tu dois être responsable de ton corps d'une manière dont les jeunes de ton âge n'ont pas idée. Plus encore, tu portes la responsabilité des pires actes commis par d'autres corps noirs qui, d'une façon ou d'une autre, te seront toujours reprochés. Et pour couronner le tout, tu dois être responsable du corps des puissants : le policier qui te brise les os à coups de matraque s'empressera de mettre en cause tes mouvements furtifs. Et cela ne s'applique pas qu'à toi ; les femmes autour de toi doivent être responsables de leur corps d'une façon que tu ne peux pas comprendre. Tu dois accepter le chaos, mais tu ne peux pas mentir. Tu ne dois pas oublier tout ce qu'ils nous ont pris, comment ils ont transformé nos corps en sucre, en tabac, en coton et en or.

II

Notre monde résonne de sons
Notre monde est le plus merveilleux qui soit
pourtant nous souffrons, nous nous entretuons,
et demeurons parfois cloués au sol

Nous sommes des êtres de beauté
aux imaginations africaines
peuplées de masques, de danses et de chants

aux yeux, aux nez, aux bras africains,
pourtant nous traînons nos chaînes grises dans un monde
d'hivers, nous qui aspirons au soleil

Amiri BARAKA [1]

Peu de temps avant ta naissance, j'ai été contrôlé par la police du comté du Prince George, celle-là même contre laquelle les poètes de Washington m'avaient mis en garde. Des agents se sont approchés de part et d'autre de la voiture, braquant leurs lampes électriques à travers les vitres. Ils ont pris mes papiers et sont retournés à leur véhicule. J'ai attendu, terrifié. Aux avertissements de mes professeurs s'ajoutaient désormais mes propres enquêtes et la lecture des journaux. Je savais que les policiers du comté avaient tué Elmer Clay Newman, puis affirmé qu'il s'était fracassé tout seul le crâne contre le mur de sa cellule. Je savais qu'ils avaient abattu Gary Hopkins en prétextant que celui-ci avait tenté de s'emparer de l'arme d'un policier. Et je savais qu'ils avaient cogné Freddie McCollum avec une telle brutalité qu'il était devenu à moitié aveugle, puisqu'ils avaient mis en cause le mauvais état du plancher. J'avais lu que ces policiers étouffaient des garagistes, faisaient feu sur des ouvriers du bâtiment, balançaient des suspects à travers les portes vitrées de centres commerciaux. Et je savais qu'ils commettaient ces actes très régulièrement, comme s'ils étaient mus par quelque pendule cosmique. Je savais qu'ils tiraient sur des voitures en marche, qu'ils tiraient sur des citoyens sans arme, qu'ils tiraient dans le dos d'hommes qu'ils accusaient ensuite de les avoir attaqués. On diligentait une enquête, les responsables étaient blanchis puis promptement réintégrés. Alors, sûrs de leur bon droit, ils recommençaient. À cette époque, aucun service de police n'avait autant tiré dans toute l'histoire de ce pays. Le FBI avait ouvert une série d'investigations, parfois plusieurs dans la même semaine. Résultat, le chef de la police du comté avait reçu une augmentation. Je songeais à tout cela, assis dans ma voiture, à la merci de ces hommes. Quitte à prendre une balle, j'aurais préféré que ce soit à Baltimore, où on pouvait au moins compter sur la justice de la rue. Là-bas, le coupable aurait peut-être à répondre de ses actes. Ici, ces policiers pouvaient faire ce qu'ils voulaient de mon corps et, si je m'en sortais vivant, personne ne m'écouterait. L'un des hommes est revenu. Il m'a tendu mon permis, et on ne m'a jamais dit pourquoi j'avais été contrôlé.

En septembre, quand j'ai lu dans le *Washington Post* que la police de Prince George avait encore tué, je n'ai pas pu m'empêcher de penser que ç'aurait pu être moi. Je te tenais dans mes bras – tu avais un mois – et j'étais conscient que, dans cette éventualité, je n'aurais plus été seul à en subir les conséquences. Je me suis contenté de survoler le titre, tant ces atrocités étaient courantes à l'époque. Le drame faisait encore la une le lendemain et, en lisant un peu plus attentivement, j'ai appris qu'il s'agissait d'un étudiant de Howard. Je me suis dit que je le connaissais peut-être, sans chercher plus loin. Le troisième jour, une photographie accompagnait l'article. Je l'ai parcouru puis j'ai jeté un coup d'œil au portrait. Et je l'ai reconnu. Il était en habit de soirée, comme si la photo avait été prise juste avant le bal du lycée, le figeant dans l'ambre de sa jeunesse. Un visage beau, fin, sombre, illuminé par le sourire franc et amical de Prince Carmen Jones.

Je ne sais plus ce que j'ai fait après. Je crois que j'ai reculé et que j'ai failli tomber. Je crois que j'ai répété à ta mère ce que j'avais lu. Je crois que j'ai téléphoné à la fille aux longues dreadlocks pour lui demander si c'était possible. Je crois qu'elle a hurlé. En revanche, je me rappelle parfaitement ce que j'ai éprouvé : de la rage, et la sensation de pesanteur que j'associais à West Baltimore. La pesanteur qui me condamnait à l'école, à la rue, au néant. Prince Jones avait franchi tous les obstacles, et pourtant ils l'avaient tué. J'avais beau savoir que je ne croirais aucun récit justifiant un tel acte, j'ai lu l'article. Il y avait très peu de détails. Il n'avait pas été abattu dans les limites du comté, ni même à Washington, mais en Virginie du Nord. Prince allait voir sa fiancée. Il avait été tué à quelques mètres de chez elle. Le seul témoin était le meurtrier. Il affirmait que Prince lui avait foncé dessus avec sa jeep, et j'étais sûr que les procureurs le croiraient.

Quelques jours plus tard, ta mère et moi t'avons installé à l'arrière de la voiture et nous avons pris la route de Washington. Là, nous t'avons confié à ta tante Kamilah pour nous rendre à la cérémonie en hommage à Prince, sur le campus de Howard. Elle se tenait à Rankin Chapel, où je m'étais naguère émerveillé en pensant à tous les militants et les intellectuels – Joseph Lowery, Cornel West, Calvin Butts – qui avaient prêché depuis cette chaire. J'ai dû croiser beaucoup d'amis ce jour-là, même si je ne me rappelle plus qui exactement. Tout le monde parlait de la ferveur religieuse de Prince, de sa conviction que Jésus était à ses côtés. Je me souviens que le président de l'université s'est levé, en larmes. Je revois la mère de Prince, la D^re^ Mabel Jones, déclarer qu'elle voulait que la mort de son fils l'incite à secouer le confort de sa vie bourgeoise et à s'engager. Plusieurs personnes ont demandé à Dieu de pardonner à celui qui avait tué Prince Jones. Il ne me reste que de vagues impressions de cette journée, mais je sais que je me suis toujours senti un peu étranger aux rites funéraires des miens et, pendant la cérémonie, j'ai dû éprouver ce décalage avec une acuité particulière. Le besoin de pardonner à ce policier n'a cependant pas dû me troubler outre mesure car, déjà, je pressentais que Prince n'avait pas tant été tué par un individu qu'assassiné par son pays et par les peurs qui le hantaient depuis sa création.

Aujourd'hui, tout le monde veut « réformer la police ». Les agissements de nos gardiens sous la tutelle des pouvoirs publics ont attiré l'attention au sommet de l'État et plus largement dans la société. Tu as dû entendre parler de diversité, de formation contre la discrimination et de caméras-piétons. Ce sont des mesures louables et parfaitement applicables, mais elles sont très insuffisantes et permettent surtout aux Américains de se conforter dans l'idée qu'il y a un gouffre entre leur propre attitude et le comportement de ceux dont la mission est d'assurer notre sécurité à tous. En réalité, la police est le reflet des choix et des peurs de ce pays et, quoi que l'on pense de la politique pénale américaine, on ne peut pas dire qu'elle ait été imposée par une minorité répressive. Les abus qui en ont résulté – un État carcéral tentaculaire, la détention arbitraire des citoyens noirs, la torture des suspects – sont le produit de la volonté démocratique. Remettre en question la police, c'est remettre en question le peuple américain qui l'envoie dans les ghettos, armée des mêmes peurs qui poussent ceux qui se croient blancs à fuir les centres-villes pour la banlieue résidentielle. Le problème, ce n'est pas que les policiers sont des salauds, mais que les États-Unis sont gouvernés par une majorité de salauds.

Alors que j'assistais à l'enterrement dans la chapelle, je pressentais tout cela, même si j'aurais été incapable de le formuler. La question de savoir s'il fallait pardonner ou non au tueur de Prince Jones ne devait donc pas me paraître pertinente. Il était le produit des croyances de son pays. Par ailleurs, ayant été élevé par des parents conscientisés qui rejetaient le dieu chrétien, je ne voyais pas en quoi la mort de Prince pouvait servir un objectif supérieur. Je pensais et je pense toujours que nous sommes notre corps. Mon âme est le signal électrique transmis par mes neurones et mes nerfs ; mon esprit est ma chair. Prince Jones était un être unique, et ils l'avaient annihilé, ils avaient brûlé ses épaules et ses bras, lacéré son dos, broyé ses poumons, ses reins et son foie. Assis dans la chapelle, j'avais l'impression d'être un hérétique. Nous n'avions qu'une vie ; nous n'avions qu'un corps. Pour le crime d'avoir détruit Prince Jones, il ne pouvait y avoir de pardon. Je me sentais isolé de l'assemblée qui avait baissé la tête pour se recueillir, car je n'attendais aucune réponse du néant.

Au fil des semaines, les détails nauséabonds ont commencé à filtrer dans la presse. Le policier était un menteur patenté. Un an plus tôt, il avait arrêté un homme en produisant des preuves falsifiées. Le bureau du procureur avait été contraint de renoncer à toutes les poursuites dans les affaires où il était impliqué. Il avait été mis à pied, mais on n'avait pas tardé à le renvoyer sur le terrain. Un récit commençait à se dégager. Le policier était un agent infiltré qui se faisait passer pour un dealer. Il était censé filer un homme qui mesurait un mètre soixante-deux et pesait cent dix kilos. Le rapport du médecin légiste nous dit que Prince Jones faisait un mètre quatre-vingt-douze pour quatre-vingt-seize kilos. On sait que le véritable suspect a été appréhendé plus tard. Les poursuites contre lui ont été abandonnées. Tout ça pour ça. On sait aussi que les supérieurs du policier lui avaient demandé de suivre Prince du Maryland à Washington et jusqu'en Virginie, où il l'a abattu. On sait qu'il a abordé Prince l'arme au poing, sans insigne permettant de l'identifier. L'homme a affirmé avoir tiré parce que Prince avait essayé de le renverser avec sa jeep. On sait que ceux qui étaient censés enquêter sur les faits n'ont pas beaucoup cherché du côté du policier et beaucoup cherché du côté de la victime. Les investigations n'ont pas permis d'expliquer pourquoi Prince Jones aurait soudain décidé de renoncer à ses études universitaires pour devenir tueur de flic. Le policier a été blanchi.

Un maximum de pouvoir et un minimum de responsabilité. Personne ne l'a sanctionné. Il a repris son travail.

Parfois, comme Prince, je m'imaginais traqué d'État en État, par un inconnu se faisant passer pour un délinquant. Et j'étais horrifié parce que je savais quelle aurait été ma réaction si un tel individu m'avait menacé d'une arme à quelques mètres de chez nous. *Prends soin de ma fille*, m'avait dit ta grand-mère, autrement dit : *prends soin de ta nouvelle famille*. Mais j'étais désormais conscient que ma marge de manœuvre était étroite, et que ses limites avaient été établies par un ennemi aussi ancien que la Virginie. Je pensais à tous les noirs que j'avais vus à La Mecque, à leur beauté et à leurs variations infinies, à leurs cheveux, leurs langues, leurs histoires personnelles, leur géographie ; je pensais à leur bouleversante humanité et je me rendais compte que rien de tout cela ne pouvait les préserver du pillage et de la brutalité de ce monde. J'étais conscient que, toi non plus, tu n'y échapperais pas, que ton destin avait été déterminé par des hommes cruels, et que je ne pouvais rien faire pour les arrêter. Prince Jones incarnait toutes mes peurs. Si lui, un bon chrétien, héritier d'une famille industrieuse, saint patron de ceux qui doivent toujours en faire deux fois plus, avait été condamné, alors, qui était en sécurité ? Et le pillage ne visait pas seulement Prince. Songe à tout l'amour déversé sur lui. Songe au coût des établissements Montessori et des leçons de musique. Songe à l'essence dépensée, aux pneus usés pour l'emmener aux matchs de football américain, aux tournois de basket et de base-ball. Au temps passé pour accueillir les copains qui venaient dormir à la maison. Aux fêtes d'anniversaire, à la garderie, aux vérifications des références des baby-sitters. Aux encyclopédies jeunesse, aux encyclopédies adulte. Songe aux chèques pour les photos de famille. Aux cartes de crédit utilisées pour payer les vacances. Aux ballons de foot, aux coffrets de physique et de chimie, aux circuits de petites voitures et aux trains électriques. À tous les câlins, aux plaisanteries familiales, aux coutumes, aux salutations, aux surnoms, aux rêves. Songe à toutes les connaissances, à toutes les compétences d'une famille noire confiées à ce précieux vase de chair et de sang. Et songe à la façon dont ce vase a été violemment brisé, laissant s'éparpiller tout ce qui avait été placé en lui. Songe à ta mère qui n'a pas eu de père, à ta grand-mère abandonnée par le sien, à ton grand-père délaissé par le sien. À la fille de Prince qui a rejoint les rangs solennels des dépossédés, privée de ce à quoi tout enfant devrait avoir droit : son père, le dépositaire de vingt-cinq ans d'amour et de soins, l'investissement de ses grands-parents qui aurait dû être son héritage.

Désormais, la nuit, je te serrais contre moi, en proie à une peur aussi ancienne que notre présence sur le sol américain. Je comprenais soudain le mantra de mon père : « Si ce n'est pas moi qui le bats, ce sera la police. » Je comprenais tout, les câbles électriques, les rallonges, les coups de baguette rituels. Les noirs aiment leurs enfants jusqu'à l'obsession. Vous êtes tout ce que nous avons et vous naissez menacés. Nous serions presque prêts à vous tuer nous-mêmes plutôt que de vous voir assassinés par la rue américaine. C'est la philosophie de ceux qu'on a dépossédés de leur corps, de ceux qui ne contrôlent rien et ne peuvent rien mettre à l'abri, de ceux qui en sont réduits à redouter non seulement les criminels parmi eux, mais la police qui les écrase avec l'autorité morale d'une entreprise de racket faisant payer sa protection au prix fort. Ce n'est qu'après ta naissance que j'ai compris cet amour, que j'ai compris pourquoi la main de ma mère m'agrippait avec une telle force. Elle savait que la galaxie pouvait me tuer, que je pouvais être brisé, que tout ce qu'elle avait investi en moi pouvait se répandre sur le trottoir comme le vin d'un ivrogne. Et personne n'aurait à rendre de comptes, car ma mort ne serait pas imputable à un autre être humain, mais à la « race », une réalité fâcheuse mais inaltérable, imposée à un pays innocent par des dieux invisibles aux desseins impénétrables. On n'assigne pas à comparaître un tremblement de terre. On n'inculpe pas un ouragan. Le tueur de Prince Jones a repris son travail, parce qu'il n'était pas un tueur. C'était une force naturelle, l'agent involontaire des lois physiques de notre monde.

La peur a bientôt disparu, chassée par une rage qui brûle encore en moi et continuera sans doute de me consumer jusqu'à la fin de mes jours. Heureusement, j'avais le journalisme. Je me suis tourné vers l'écriture. Nombre d'entre nous n'ont pas cette chance. La plupart doivent accepter ce simulacre de justice avec le sourire. J'ai rédigé un article sur l'histoire de la police du comté du Prince George. Je n'avais jamais éprouvé un tel sentiment d'urgence. Voici le point de départ de mon enquête : le policier qui avait tué Prince Jones était noir ; les responsables politiques qui lui avaient accordé l'autorisation de tuer étaient noirs ; et beaucoup de responsables politiques noirs – qui, pour la plupart, avaient dû travailler deux fois plus que leurs homologues blancs pour en arriver là – semblaient indifférents au problème. Comment était-ce possible ? J'avais le sentiment d'être de retour à Moorland, m'efforçant de résoudre les grands mystères du monde. Mais je n'avais plus besoin de remplir de fiches. Internet était devenu un instrument de recherche. Tu dois trouver cela curieux. Toute ta vie, chaque fois que tu as eu une question, tu n'as eu qu'à pianoter sur un clavier, la voyant se matérialiser dans le cadre rectangulaire associé au logo d'une entreprise, pour être inondé de réponses potentielles quelques secondes plus tard. Pour ma part, je me souviens d'un temps où l'on se servait encore des machines à écrire, où le Commodore 64 était le nec plus ultra de l'ordinateur personnel, et où un tube disparaissait dans le néant après avoir eu son heure de gloire à la radio. Pendant cinq ans, je n'ai plus entendu les Mary Jane Girls chanter « All Night Long ». Pour ma génération, l'apparition d'Internet s'apparentait à l'invention du voyage dans l'espace.

Ma curiosité au sujet de ce qui était arrivé à Prince Jones m'a amené à lire une multitude d'articles de journaux, d'histoire et de sociologie. J'ai appelé des hommes politiques et je les ai interrogés. On m'a répondu que les citoyens étaient plus enclins à demander l'aide des forces de l'ordre qu'à se plaindre de leur brutalité. Que la population noire du comté du Prince George était aisée et manifestait « une certaine exigence » concernant la lutte contre le crime et la délinquance. Je connaissais ces théories. À Moorland, j'avais feuilleté des ouvrages exposant les débats à l'intérieur et à l'extérieur de la communauté noire. Je savais que ces idées, parfois défendues par des Africains-Américains, justifiaient les prisons qui poussaient autour de nous comme des champignons et légitimaient l'existence des ghettos et des cités, le maintien de l'ordre l'emportant sur la destruction du corps noir. Selon cette théorie, la « sécurité » était une valeur plus essentielle que la justice, la plus haute de toutes, peut-être. Je comprenais. Au cours de mon enfance à Baltimore, que n'aurais-je pas donné pour croiser des patrouilles de policiers, des représentants de mon pays et de mon quartier, lorsque je me rendais à l'école ! Mais il n'y en avait pas. Si je voyais des policiers, c'était qu'il était déjà trop tard. Depuis toujours, je savais que, pour certains, pour ceux qui vivaient dans le Rêve, la question de la sécurité se posait différemment. Dans leur monde, le terme était associé aux établissements scolaires, aux investissements financiers, aux gratte-ciel. Chez nous, elle dépendait d'hommes armés qui, logiquement, nous considéraient avec le même mépris que la société qui les avait envoyés.

La peur rétrécit nécessairement ta perception de la galaxie. Je n'aurais jamais envisagé de pouvoir vivre à New York, par exemple ; il ne me serait même pas venu à l'idée de le désirer. De plus, j'aimais sincèrement Baltimore. J'aimais le magasin de sport Charlie Rudo, les braderies sur le trottoir le long du centre commercial Mondawmin. J'aimais écouter la radio devant la maison en compagnie de ton oncle Damani, attendant que l'animateur Frank Ski passe « Fresh Is the Word ». Je pensais que j'étais voué à rentrer à la maison après la fac. Pas seulement parce que j'aimais ma ville, mais parce que je n'imaginais pas d'autre avenir. Cette atrophie de l'esprit, je la dois à mes chaînes. Même si certains parviennent malgré tout à voir au-delà.

J'en ai rencontré beaucoup à La Mecque. Ton oncle Ben, notamment, qui a grandi à New York, si bien qu'il a toujours eu conscience d'être un Africain-Américain évoluant parmi des Haïtiens, des Jamaïcains, des juifs hassidiques et des Italiens. Et il y en avait d'autres comme lui qui, encouragés par un professeur, une tante ou un frère aîné, avaient jeté un coup d'œil par-dessus le mur et s'étaient mis en tête qu'ils iraient faire un tour de l'autre côté à l'âge adulte. Savoir que leur corps pouvait leur être ravi pour un rien alimentait chez eux une peur différente, qui les poussait à explorer le cosmos. Ils partaient étudier un ou deux semestres à l'étranger. De mon côté, je n'ai jamais compris ce qu'ils faisaient là-bas ni pour quelle raison ils y allaient. Et pourtant, je sentais peut-être que je choisissais la facilité. Cela expliquerait pourquoi les filles que j'ai aimées ont toutes été un pont vers un ailleurs. Ta mère, qui connaissait le monde bien mieux que moi, est tombée amoureuse de New York par le biais de la culture, grâce à *Izzy et Sam*, *Diamants sur canapé*, *Working Girl*, Nas et le Wu-Tang Clan. Elle a trouvé du travail et je l'ai suivie, vivant à ses crochets, car à l'époque personne n'était prêt à me donner de l'argent pour écrire. Le peu que je gagnais en rédigeant quelques critiques musicales ou littéraires couvrait à peine deux factures d'électricité par an.

Nous sommes arrivés deux mois avant le 11 septembre 2001. Je suppose que tous ceux qui se trouvaient à New York ce jour-là ont une histoire à raconter. Voici la mienne : le soir du 11 septembre, je me tenais sur le toit d'un immeuble avec ta mère, ta tante Chana et son petit ami Jamal. Nous discutions, observant les grands panaches de fumée qui s'élevaient de Manhattan. Tout le monde connaissait quelqu'un qui connaissait quelqu'un dont on n'avait pas de nouvelles. Mais, face aux ruines de l'Amérique, mon cœur était froid. J'avais d'autres drames à pleurer. Le policier qui avait tué Prince Jones, comme tous ceux qui nous soupçonnent du pire, était le bras armé des citoyens américains. Il n'existait pas d'Américain pur à mes yeux. Je n'étais pas en phase avec la ville. Je ne pouvais pas m'empêcher de penser que, pour nous, le sud de Manhattan avait toujours été « Ground Zero ». On avait vendu nos corps aux enchères dans ce quartier dévasté qu'on appelait à raison le Financial District. Des hommes et des femmes morts en captivité avaient été enterrés là. Un grand magasin recouvrait une partie de l'ancien cimetière, et il était prévu d'ériger un bâtiment administratif sur le reste. Si le projet avait été abandonné, c'était uniquement grâce à un groupe de citoyens noirs engagés. Sans avoir élaboré de théorie sur la question, je savais que Ben Laden n'était pas le premier à répandre la terreur dans ce quartier de la ville. Je ne l'ai jamais oublié. Et toi non plus, tu ne devrais pas l'oublier. Pendant les jours suivants, j'ai assisté au déploiement ridicule des drapeaux, aux démonstrations virilistes des pompiers, à la multiplication des slogans grandiloquents. Je ne voulais rien entendre. Prince Jones était mort. Au diable ceux qui nous demandent d'en faire deux fois plus pour réussir et nous tirent dessus quand même. Au diable la peur ancestrale qui contraint les parents noirs à vivre dans la terreur. Au diable ceux qui détruisent le vase sacré.

Je ne faisais aucune différence entre l'homme qui avait abattu Prince Jones et les policiers qui avaient péri, ni même les pompiers. Ils n'étaient pas humains à mes yeux. Noirs, blancs ou autres, ils étaient des fléaux de la nature ; ils étaient l'incendie, la comète, la tempête qui pouvait – sans raison – tailler mon corps en pièces.

J'ai vu Prince Jones vivant et entier une dernière fois. Il se tenait devant moi. Nous étions au musée. J'ai cru un instant que sa mort n'était qu'un horrible cauchemar. Non, une prémonition. Mais j'avais l'occasion de le prévenir. Je me suis approché de lui, je lui ai fait un check et j'ai senti la chaleur de la multitude, la chaleur de La Mecque. Je voulais lui parler. Je voulais lui dire, fais attention aux pilleurs. Mais, quand j'ai ouvert la bouche, il a secoué la tête et s'est éloigné.

Nous vivions dans un appartement en demi-sous-sol à Brooklyn, dont tu ne te souviens sans doute pas, dans la même rue que ton oncle Ben et ta tante

Janai. Ce n'était pas une époque mirobolante. Je me rappelle leur avoir emprunté deux cents dollars avec l'impression d'avoir un million en poche. Un jour, ton grand-père est venu nous voir à New York. Il m'a emmené dans un restaurant éthiopien, puis je l'ai raccompagné à la station de métro West Fourth Street. Nous nous sommes dit au revoir. Il m'a rappelé alors que je m'éloignais. Il avait oublié quelque chose. Il m'a tendu un chèque de cent vingt dollars. Je te raconte cela, car tu dois comprendre que je n'ai pas toujours possédé des choses, en revanche, j'avais des gens – *il y a toujours eu les gens*. J'avais un père et une mère que je n'échangerais pour rien au monde. J'avais un frère qui a veillé sur moi pendant toutes mes années de fac. J'avais La Mecque pour me guider. J'avais des amis qui se seraient jetés dans les flammes pour moi. Tu dois savoir que j'étais aimé, que, malgré mon athéisme, j'aime les autres et que cet amour général est directement lié à l'amour spécifique que je ressens pour toi. Je me souviens des vendredis soir où nous buvions du Jack Daniel's sur le perron de Ben, tout en discutant des élections municipales ou de la guerre qui se profilait. Les semaines défilaient, sans but. J'ai offert mes services à divers magazines, en vain. Ta tante Chana m'a prêté deux cents dollars supplémentaires que j'ai gaspillés dans une formation de barman bidon. Je livrais des repas pour un petit traiteur de Park Slope.

À New York, tout le monde veut savoir ce que tu fais. Je répondais que « j'essayais d'écrire ».

Parfois je prenais le métro pour aller à Manhattan. L'argent s'étalait partout, il se déversait des bistros et des cafés, poussait les gens à cavaler dans les larges avenues, générait une circulation intergalactique à Times Square, suintait des maisons en grès rouge et en pierre calcaire, s'affichait sur West Broadway où des blancs se pressaient sur le trottoir devant les bars à vin, un verre à la main, sans que la police intervienne. Je les croisais en boîte, ivres, rieurs, défiant les breakers. Ils sortaient humiliés de ces battles mais, après, ils échangeaient un check avec leur adversaire, toujours hilares, et commandaient une autre bière. Rien ne les effrayait. Je ne comprenais pas, jusqu'au moment où je les ai observés plus attentivement. J'ai vu alors des parents blancs en tee-shirt et short de jogging promener des poussettes deux places dans les rues d'un Harlem qui se gentrifiait. Ils discutaient avec animation, tandis que leurs fils occupaient toute la largeur du trottoir sur leurs tricycles. La galaxie leur appartenait et, pendant que nos enfants s'imprégnaient de notre terreur, ils transmettaient aux leurs un sentiment de toute-puissance.

Je t'emmenais dans ta poussette visiter d'autres quartiers, West Village notamment, sentant presque instinctivement qu'il était important d'étendre ton horizon dès ton plus jeune âge, mais je me souviens distinctement que j'étais mal à l'aise, que j'avais l'impression d'empiéter sur l'héritage de quelqu'un d'autre, d'être un usurpateur. Pendant ce temps, tu grandissais, tu prononçais tes premiers mots et exprimais tes premières émotions ; mon beau garçon à la peau brune qui bientôt aurait accès à la connaissance, qui bientôt comprendrait les lois de sa galaxie et tous les pièges mortels qui lui étaient réservés.

Un jour tu serais un homme, et je ne pourrais pas te sauver du gouffre infranchissable qui te séparerait de tes futurs condisciples et collègues, lesquels essaieraient peut-être de te convaincre que tout ce que j'avais appris, que tout ce que je m'efforçais de t'expliquer relevait de l'illusion, ou que c'étaient de vieilles antiennes appartenant à un passé révolu. Je ne pourrais pas te préserver des policiers, de leurs lampes électriques, de leurs mains, de leurs matraques et de leurs armes. Le souvenir de Prince Jones, assassiné par ceux qui auraient dû veiller sur lui, ne me quittait jamais, et je savais que bientôt il en serait de même pour toi.

À l'époque, lorsque je sortais de chez nous et que j'empruntais Flatbush Avenue, mon visage se figeait comme un masque de catcheur mexicain ; je jetais des regards furtifs à droite et à gauche, et je gardais les bras souples, prêt à toute éventualité. Le besoin d'être constamment sur le qui-vive représentait un gaspillage d'énergie considérable, siphonnait lentement notre essence. Il contribuait à la rapide dégradation des corps. Je ne redoutais pas uniquement la violence de ce monde, mais aussi les règles conçues pour t'en protéger, les règles qui t'obligeraient à contorsionner ton corps pour être accepté par ton quartier, à le tordre différemment pour être pris au sérieux par tes collègues de travail, et encore autrement pour ne pas prêter le flanc à la police. Toute ma vie, j'ai entendu des noirs dire à leurs fils et à leurs filles : « Tu devras en faire deux fois plus pour réussir », ce qui signifie : « Tu devras te contenter de deux fois moins. » Ces mots étaient prononcés sur un ton de noblesse religieuse, comme s'ils étaient la preuve d'une vertu discrète et d'un courage silencieux, alors qu'ils étaient surtout révélateurs du pistolet contre notre tempe, de la main dans notre poche. Voilà comment nous perdons notre douceur. Voilà comment ils nous privent de notre sourire. Personne ne disait aux enfants blancs sur leur tricycle d'en faire deux fois plus. J'imaginais plutôt leurs parents les inciter à prendre deux fois plus. J'avais l'impression que nos propres règles favorisaient le pillage. Je me demandais si c'était ce qui faisait de nous des noirs, tout ce temps volé, car les moments passés à mettre en place le masque, à se préparer à accepter deux fois moins ne pourront jamais être rattrapés. Le temps volé ne se mesure pas à l'échelle d'une vie, mais en moments. C'est la dernière bouteille de vin que tu as ouverte mais que tu n'as pas le temps de boire. C'est le baiser que vous n'avez pas le temps d'échanger, avant qu'elle te quitte. Ce sont toutes les secondes chances dont ils bénéficient, et les journées de vingt-trois heures pour nous.

Un après-midi, ta mère et moi t'avons emmené visiter une école maternelle. La personne qui nous a accueillis nous a montré un grand gymnase où s'ébattaient de petits New-Yorkais de toutes origines. Ils couraient, sautaient et roulaient par terre. Tu les as regardés et aussitôt tu nous as laissés pour te jeter dans la mêlée. Tu n'as jamais eu peur des autres, du rejet, et j'ai toujours admiré cela chez toi, même si je ne pouvais pas m'empêcher d'être inquiet. Je te voyais bondir et rire avec ces enfants que tu n'avais jamais vus, et j'ai senti se dresser un mur familier. Je voulais t'attraper par le bras, te tirer en arrière et te dire : « On ne connaît pas ces gens. Garde tes distances ! » Je me suis retenu. Je devenais plus sage. Si je n'étais pas capable de mettre des mots sur mon anxiété, je savais qu'elle n'avait rien de noble. À présent, je mesure la gravité de ce que je proposais : exiger d'un enfant de quatre ans qu'il soit méfiant, prudent et rusé. J'étais prêt à gâcher ta joie, à te demander de perdre du temps. Aujourd'hui, quand je compare cette peur à la témérité que les maîtres de la galaxie transmettent à leurs propres enfants, j'ai honte.

New York offrait aussi un incroyable nuancier humain, à la différence près que la diversité que j'avais découverte à Howard s'étendait à toute une métropole. À chaque carrefour le paysage se modifiait. Ici, des percussionnistes africains jouaient à Union Square. Là, des immeubles de bureau s'animaient le soir quand ouvraient les restaurants dissimulés à l'intérieur, qui servaient de la bière et du poulet frit à la coréenne. Plus loin, c'étaient des filles noires avec des garçons blancs, des garçons noirs avec des filles sino-américaines, des filles sino-américaines avec des garçons dominicains, des garçons dominicains avec des garçons jamaïcains, et toutes les combinaisons imaginables. Je traversais West Village, m'émerveillant devant des restaurants pas plus grands qu'un salon, et je constatais que la petite taille des établissements conférait aux clients une forme d'érudition branchée, comme s'ils riaient d'une plaisanterie que le reste du monde mettrait une décennie à comprendre. L'été était irréel : des pans entiers de la ville se transformaient en défilés de mode, et les avenues étaient le catwalk où paradait la jeunesse. Il régnait une chaleur inédite pour moi, réverbérée par les hauts bâtiments, et produite par les millions de personnes entassées dans les rames de métro, les bars, les restaurants microscopiques et les cafés. Jamais je n'avais vu autant de vie. Et jamais je n'avais imaginé qu'elle puisse être aussi variée. C'était une myriade de Mecques différentes, réunies dans une seule et même ville.

Cependant, quand je sortais du métro pour regagner mon quartier, ma portion de Flatbush Avenue ou mon Harlem, la peur était toujours présente. Je retrouvais les mêmes garçons qu'à Baltimore, la même démarche et le même regard glaçant, tous les codes de mon enfance. À New York, il y avait plus de cousins à la peau claire parmi les Portoricains et les Dominicains, mais les rituels, la façon de marcher et de se saluer étaient étrangement familiers. Ainsi, je pouvais traverser plusieurs New York en une seule journée, dynamiques, brutaux, nantis, ou tout cela à la fois.

Tu te souviens peut-être de la fois où nous sommes allés voir *Le Château ambulant* dans l'Upper West Side. Tu avais presque cinq ans. Le cinéma était bondé, et à la sortie nous avons emprunté une série d'escaliers mécaniques jusqu'au rez-de-chaussée. Lorsque nous sommes arrivés en bas, tu flânais au rythme d'un petit garçon. Une femme blanche t'a poussé et a lancé : « Allez ! » Plusieurs émotions se sont télescopées. D'abord, il y avait la réaction de n'importe quel parent voyant un inconnu lever la main sur son enfant. À cela s'ajoutait ma peur de ne pas être capable de protéger ton corps noir. Plus encore : j'avais le sentiment que cette femme profitait de la situation. J'étais sûr, par exemple, qu'elle n'aurait jamais bousculé un enfant noir sur Flatbush, parce qu'elle aurait eu peur, parce qu'elle aurait senti ou même su qu'un tel acte serait sanctionné. Seulement je n'étais pas sur Flatbush. Ni à West Baltimore. Et j'étais loin de La Mecque. Mais, sur le moment, j'ai tout oublié. Je ne voyais qu'une chose : quelqu'un s'arrogeait un droit sur le corps de mon fils. Je me suis tourné vers la femme et je lui ai parlé brutalement, le feu de mes paroles nourri par mon histoire autant que par la situation présente. Elle s'est recroquevillée, effrayée. Un blanc a pris sa défense, volant au secours de la damoiselle en détresse agressée par la bête sauvage. C'est ainsi que je l'ai perçu, en tout cas. Il n'avait pas intercédé pour mon fils. Et il était à présent soutenu par d'autres blancs dans la foule qui s'amassait autour de nous. L'homme s'est approché. Il a haussé le ton. Je l'ai repoussé. « Je pourrais vous faire arrêter ! » a-t-il dit. Je m'en moquais. Je le lui ai fait savoir, et le désir d'aller plus loin me brûlait la gorge. Si j'ai pu me contrôler, c'était uniquement parce que j'étais conscient que quelqu'un m'observait, et me voyait exprimer une fureur qu'il ne me connaissait pas : toi.

Je suis rentré à la maison secoué. J'avais honte d'avoir recouru à la loi de la rue et j'étais furieux parce qu'en me disant : « Je pourrais vous faire arrêter », l'homme m'avait signifié : « Je pourrais prendre ton corps. »

J'ai raconté cette anecdote je ne sais combien de fois, pas parce que j'y trouvais matière à fanfaronner, mais parce que j'avais besoin d'être absous. Je n'ai jamais été quelqu'un de violent. Même plus jeune, lorsque j'obéissais à la loi de la rue, tous ceux qui me connaissaient savaient que je n'étais pas à ma place. Je n'ai jamais ressenti la fierté qu'on est censé éprouver quand on se défend en étant sûr de son bon droit, l'indignation vertueuse qui justifie la brutalité. Chaque fois que je sortais vainqueur d'une dispute, quelle que soit ma rage sur le moment, après, j'étais écœuré de m'être abaissé à une forme de communication aussi primitive. Je ne m'étais pas tourné vers Malcolm en raison d'une quelconque fascination pour la violence, mais parce qu'il m'était impossible de chercher le salut dans les gaz lacrymogènes, comme les martyres des droits civiques dont on nous parlait pendant le Mois de l'histoire des Noirs. Mais, plus que la honte d'avoir laissé parler la colère, ce que je regrettais de toute mon âme, c'est qu'en voulant te défendre, je t'avais mis en danger.

« Je pourrais vous faire arrêter », avait dit l'homme. Autrement dit : « L'un des premiers souvenirs de ton fils sera d'avoir vu ceux qui ont sodomisé Abner Louima et asphyxié Anthony Baez te menotter, te matraquer, te taser et te briser. » L'espace d'un instant, j'avais oublié les règles, une faute qui pouvait coûter aussi cher dans l'Upper West Side de Manhattan que dans le Westside de Baltimore. Nous n'avons pas droit à l'erreur. Marcher en file indienne. Travailler en silence. Prévoir un crayon HB de réserve. Ne pas se tromper.

Mais tu es humain et tu te tromperas. Tu commettras des erreurs de jugement. Tu crieras. Tu boiras trop. Tu fréquenteras des gens que tu ferais mieux d'éviter. On ne peut pas tous être Jackie Robinson [2]. Jackie Robinson lui-même n'était pas toujours Jackie Robinson. Mais tu paieras plus cher pour tes faux pas que tes concitoyens. Et parce que les États-Unis doivent se justifier à leurs propres yeux, l'histoire de la destruction d'un corps noir commence systématiquement par son erreur, réelle ou imaginaire : la colère d'Eric Garner, les mots mythiques de Trayvon Martin (« Tu vas crever ce soir »), les mauvaises fréquentations de Sean Bell, ou moi qui me tenais trop près du garçon aux petits yeux au moment où il dégainait.

Une société a tendance à raconter ses victoires en mettant en avant les chapitres qui la montrent à son avantage, c'est presque inévitable. Aux États-Unis, ces chapitres cruciaux sont presque toujours centrés sur les actes d'un individu exceptionnel. « Il suffit d'une personne pour changer les choses », entend-on souvent. Encore un mythe. Une seule personne peut faire évoluer les choses, mais certainement pas accomplir les transformations qui seraient nécessaires pour que les corps soient réellement égaux.

L'histoire nous dit que les noirs ne se sont pas libérés seuls – pas plus qu'aucun autre peuple, je suppose. Chaque amélioration dans la vie des Africains-Américains est au moins en partie la conséquence d'évènements sur lesquels nous n'avions aucune prise, des évènements qui n'ont pas été que bénéfiques. On ne peut dissocier notre émancipation dans les colonies du Nord du sang versé pendant la guerre d'Indépendance, pas plus qu'on ne peut séparer notre affranchissement dans le Sud des charniers de la guerre de Sécession, ni l'abolition des lois ségrégationnistes des génocides de la Seconde Guerre mondiale. Personne n'écrit l'histoire seul. Tu dois lutter malgré tout, pas parce que la victoire est assurée, mais parce que c'est ainsi que tu mèneras une vie honorable et raisonnable. J'ai honte de la manière dont je me suis comporté ce jour-là, honte d'avoir mis ton corps en danger. Pas parce que j'ai été un mauvais père, une mauvaise personne ou un malotru. J'ai honte d'avoir commis une erreur, alors que je savais ce qu'elle aurait pu nous coûter.

C'est le poids de l'histoire autour de nous, même si très peu de gens acceptent de le voir. Si j'avais expliqué à cette femme qu'en poussant mon fils, elle obéissait à une tradition qui accordait moins de valeur au corps noir, elle aurait probablement protesté : « Je ne suis pas raciste. » Ou peut-être pas. Mais, si je me fonde sur mon expérience, ceux qui se croient blancs sont obsédés par la disculpation individuelle. Et le mot *raciste* évoque pour eux sinon un rustre chiquant du tabac, au moins un être tout aussi chimérique : un gobelin, un troll ou une gorgone. « Je ne suis pas raciste », s'est défendu un humoriste, après avoir été filmé criant : « C'est un négro ! C'est un négro ! » à un spectateur qui perturbait son show. À propos du sénateur de Caroline du Sud Strom Thurmond, fervent partisan de la ségrégation raciale, Richard Nixon a déclaré : « Strom n'est pas raciste. » Il n'y a pas de racistes aux États-Unis. En tout cas, ceux qui ont besoin d'être blancs n'en connaissent aucun personnellement. À l'ère du lynchage de masse, il était si difficile d'identifier qui avait joué le rôle de bourreau qu'on lisait souvent dans la presse que c'était le fait d'« individus inconnus ». En 1957, les résidents blancs de Levittown, en Pennsylvanie, ont défendu leur droit à vivre dans une ville sans noirs. « Nous, citoyens respectueux de la morale, de la religion et de la loi, estimons que notre désir de restreindre l'accès à notre ville n'est motivé ni par les préjugés ni par la discrimination. » Ou comment commettre un acte honteux en échappant à toute condamnation. Si je te le signale, c'est uniquement pour te montrer qu'il n'y a jamais eu d'âge d'or où les scélérats assumaient leurs choix.

« Notre pente serait plutôt de dire que non, que des êtres pareils ne peuvent exister et n'existent pas, écrit Soljenitsyne. [...] Pour faire le mal, l'homme doit l'avoir auparavant pensé comme un bien ou comme une nécessité comprise et acceptée. Telle est, par bonheur, la nature de l'homme qu'il a besoin de chercher à ses actes une justification[3]. » C'est le fondement du Rêve : ceux qui y adhèrent ne doivent pas seulement y croire, ils doivent également se persuader qu'il est juste, que leur situation est la conséquence naturelle de leur persévérance, de leur conduite honorable et de leur travail. Ils veulent bien reconnaître que le bon vieux temps avait une face sombre, mais certainement pas assez sombre pour peser sur notre présent. Une telle mentalité ne s'est pas forgée en un jour. Il faut beaucoup de détermination pour refuser de voir l'abjection de notre système pénitentiaire, la militarisation de la police et la longue guerre contre le corps noir. Se crever les yeux puis oublier ce que ses mains ont fait, c'est tout un art. Affronter l'horreur oblige à se détourner de l'image retouchée de lui-même que notre pays a l'habitude de contempler, pour se pencher sur quelque chose de trouble et d'inconnu. La plupart des Américains en sont incapables. Mais c'est ton travail. Il faut que tu t'y attelles, ne serait-ce que pour préserver le caractère sacré de ton esprit.

Le discours que ce pays tient sur lui-même est démenti par tout ce que tu es. Tu te souviens peut-être de l'été où je vous ai fait monter à l'arrière d'une voiture de location, ton cousin Christopher et toi, pour aller en Virginie, voir ce qu'il restait de Petersburg, de la plantation Shirley et du champ de bataille de la Wilderness. Je faisais une fixation sur la guerre de Sécession, parce qu'elle avait causé six cent mille morts. Pourtant, on s'était peu attardé là-dessus au cours de ma scolarité et la culture populaire entretenait le flou autour de la guerre et de ses causes. Je savais malgré tout que nous étions esclaves en 1859, et que nous ne l'étions plus en 1865. Ce qui nous était arrivé dans l'intervalle n'était certainement pas anodin. Mais chaque fois que je me rendais sur les anciens champs de bataille, j'avais l'impression d'être un comptable trop curieux venu effectuer un audit, à qui on essaie de dissimuler les registres.

Je ne sais pas si tu te rappelles la fin du documentaire que nous avons vu à Petersburg : la défaite des États confédérés était présentée comme le début d'une tragédie, pas comme un motif de réjouissance. Je doute que tu t'en souviennes, mais un homme de notre groupe portait un vêtement taillé dans le lainage gris des uniformes sudistes. Quant aux autres visiteurs, ils semblaient fascinés par les manœuvres de flanquement, les biscuits de guerre, les fusils à canon lisse, la mitraille et les cuirassés. En revanche, personne ou presque ne paraissait désireux de savoir pourquoi on avait mis en œuvre toutes ces techniques et ces inventions, quel objectif elles servaient. Tu n'avais que dix ans.

Pourtant, je me rendais compte que je devais bousculer ton confort, même si cela signifiait t'emmener dans des endroits où on insulterait ton

intelligence, où les escrocs tenteraient de te rendre complice du vol de ton corps, et essaieraient de faire passer leurs incendies criminels et leur pillage pour de la charité chrétienne. Mais c'est du vol et ça l'a toujours été.

Au début de la guerre de Sécession, nos corps volés valaient quatre milliards de dollars, plus que l'industrie et les chemins de fer américains réunis, ateliers et usines compris. Nous cultivions le coton, l'exportation principale du pays. Les plus grandes fortunes se trouvaient alors dans la vallée du Mississippi et c'est en exploitant nos corps volés qu'ils ont bâti leur empire. Nos corps étaient asservis par les premiers présidents américains. James K. Polk a fait le commerce de nos corps à la Maison-Blanche.

À Washington, nos corps ont construit le Capitole et le National Mall. Le premier coup de feu a été tiré en Caroline du Sud, où nos corps représentaient la majorité de la population. Voilà le motif de la guerre. Ce n'est pas un secret. Mieux encore, les voleurs ont confessé leur crime par écrit : « Notre position est entièrement alignée sur l'institution de l'esclavage, la plus importante ressource matérielle du monde », affirmait le Mississippi en 1861, lorsque l'État a voté la Sécession.

Te souviens-tu d'avoir vu la maison d'Abraham Brian avec ta mère et moi, lors de l'une de nos visites à Gettysburg ? Nous étions en compagnie d'un jeune homme qui connaissait bien l'histoire des noirs dans la région. Il nous a raconté que la ferme de Brian se trouvait tout au bout de la ligne attaquée par le général sudiste George Pickett au dernier jour de la bataille, que Gettysburg abritait une communauté de noirs affranchis, que Brian lui-même était noir, et que sa famille et lui avaient fui leur domicile, par peur de perdre leur corps à l'arrivée de l'armée esclavagiste conduite par saint Robert E. Lee, le très respecté général confédéré dont les troupes avaient déjà capturé des noirs libres pour les vendre au Sud. George Pickett et ses hommes furent finalement repoussés par l'Union. Alors que je me tenais là, un siècle et demi plus tard, j'ai songé à un personnage de Faulkner, expliquant que cette défaite hantait l'esprit de « tout garçon du Sud », l'instant précédant la bataille fatale indéfiniment prolongé : « Tout est en suspens, ce n'est pas encore arrivé, cela n'a même pas encore commencé[4]. » Les garçons de Faulkner étaient blancs, bien sûr. Mais moi qui me trouvais sur le terrain d'un noir ayant fui le Sud avec sa famille pour préserver sa liberté, ce que je voyais, c'était Pickett et ses hommes mener l'assaut à travers l'histoire, pourchassant sans relâche leur étrange dû : le droit de battre, de violer, de voler et de piller le corps noir. Voilà « ce qui se joue », le noyau corrompu et indicible de ce moment de nostalgie.

Mais le récit de la réconciliation américaine a été bâti sur un mythe rassurant qui offre une image bienveillante de l'esclavage, les profanateurs transformés en chevaliers blancs, et la guerre meurtrière en une forme de compétition sportive où chaque camp s'est comporté avec bravoure, honneur et panache. Cette falsification de la guerre de Sécession est le mensonge qui préserve l'innocence américaine, le mensonge qui préserve le rêve. Les historiens ont produit le Rêve. Hollywood l'a consolidé. Les romans et les épopées l'ont enjolivé. John Carter quitte la Confédération vaincue pour Mars[5]. On n'est pas censé s'étendre sur ce qu'il fuit au juste. Comme tous les gamins, j'adorais la série *Shérif, fais-moi peur*. Mais j'aurais dû me demander pourquoi deux hors-la-loi au volant d'une voiture qu'ils appelaient « Général Lee » devaient nécessairement être « deux braves gars qui ne pensent jamais à mal », pour reprendre les paroles du générique : un mantra que les Rêveurs auraient pu faire leur. Mais « penser à mal » est hors de propos. Tu n'as pas besoin de croire que le policier qui a étouffé Eric Garner s'était levé ce jour-là avec l'intention de tuer un corps noir. Tout ce que tu dois savoir, c'est qu'il est investi du pouvoir de l'État américain et du poids d'un certain héritage américain, et que l'un et l'autre exigent que, sur tous les corps détruits chaque année, un nombre disproportionné soit noir.

Voici ce que j'aimerais que tu comprennes : dans ce pays, annihiler le corps noir est une tradition et *cette tradition fait partie du patrimoine national.* L'esclavage n'était pas un emprunt de main-d'œuvre aseptisé : il n'est pas si facile de persuader quelqu'un d'engager son corps dans une activité qui va contre ses intérêts les plus élémentaires. Aussi l'esclavage devait-il être la colère imprévisible et la torture aléatoire, les crânes brisés et la cervelle qui explose au-dessus de la rivière quand le corps tente de s'évader. Il devait être le viol, commis avec une régularité mécanique. Il n'y a pas de façon exaltante de dire ça. Je n'ai ni cantique ni vieux gospel. L'âme et l'esprit sont le corps et le cerveau, qui sont destructibles, et c'est précisément pour cette raison qu'ils sont précieux. L'esprit ne s'échappait pas. L'âme ne s'envolait pas vers les cieux. L'âme était le corps dont se nourrissait le tabac, et l'esprit le sang qui arrosait le coton, et ainsi furent créés les premiers fruits du jardin américain. Et ces fruits ont été préservés en frappant les enfants à coups de bûche, en brûlant au fer chaud la peau qui se détachait comme la feuille de l'épi de maïs.

Il fallait qu'il y ait du sang. Il fallait planter des clous dans la langue et tailler les oreilles. « De la désobéissance, beaucoup de paresse, de la bouderie, de la négligence. [...] J'ai utilisé la baguette[6] », écrivait une maîtresse d'esclaves. Il fallait cingler les mains qui avaient commis le crime de battre le beurre à un rythme trop nonchalant. Il fallait « dérider » une femme « avec trente coups de cravache » un samedi et autant le mardi suivant. Il fallait employer les fouets de cocher, les pinces, les tisonniers, les scies, les pierres, les presse-papiers, tout ce qui tombait sous la main pour briser le corps noir, la famille noire, la communauté noire, la nation noire. La chair domestiquée était assimilée à du bétail, marquée et assurée. Les corps étaient convoités, aussi lucratifs que les terres indiennes, aussi gratifiants qu'une véranda, une belle épouse ou une résidence d'été à la montagne. Pour ceux qui avaient besoin de se croire blancs, ils étaient le sésame qui permettait de rejoindre l'élite, et le droit de meurtrir les corps était le propre de la civilisation. « La société n'est pas divisée entre les riches et les pauvres, mais entre les blancs et les noirs. Les premiers, riches ou pauvres, appartiennent à la classe supérieure ; ils sont respectés et traités en égaux », affirmait dans un discours de 1848 John C. Calhoun, célèbre sénateur de la Caroline du Sud. La voilà, leur égalité sacrée, qui s'appuie sur le droit d'écraser le corps noir. Et depuis toujours, ce droit leur donne une raison d'être, il signifie qu'il y a quelqu'un dans la vallée, car une montagne n'est pas une montagne s'il n'y a rien en dessous.

Toi et moi, mon fils, nous sommes leur « en dessous ». C'était vrai en 1776. C'est vrai aujourd'hui. Ils n'existent pas sans toi, et sans le droit de te détruire ils tomberont de leur montagne, seront privés de leur divinité et éjectés du Rêve. Alors, ils devront se débrouiller pour construire leur banlieue résidentielle sur autre chose que sur des ossements humains, ils devront repenser leurs prisons pour qu'elles ne soient pas des parcs à bétail, ils devront trouver le moyen de bâtir une démocratie qui ne repose pas sur le cannibalisme. Mais parce qu'ils se croient blancs, ils préfèrent s'infliger les images d'un homme asphyxié avec la bénédiction de leurs lois. Ils préfèrent croire que Trayvon Martin, un frêle adolescent aux bras chargés de friandises et de sodas, s'est métamorphosé en colosse meurtrier. Ils préfèrent voir Prince Jones filé par un mauvais flic à travers trois États, et abattu pour s'être conduit comme un être humain. Dans leur grande sagesse, ils préfèrent bousculer mon fils de quatre ans, ce vulgaire obstacle les empêchant de vaquer à leurs affaires essentielles.

J'étais là, Samori. Non, j'étais de retour à Baltimore, encerclé par les garçons de la rue. J'étais assis par terre dans le salon chez mes parents, contemplant un monde lointain et inaccessible. Je bouillonnais de la colère accumulée au fil des ans. J'étais sans doute dans le même état d'esprit qu'Eric Garner à la fin : « Ça s'arrête aujourd'hui », a-t-il dit, et puis il est mort. J'avais conscience d'une injustice cosmique, même si je ne la comprenais pas totalement. Je n'étais pas encore allé à Gettysburg. Je n'avais pas lu Thavolia Glymph. Tout ce que j'avais, c'était l'émotion, c'était le poids. Je ne savais pas encore, et je ne sais pas tout aujourd'hui. Mais je sais au moins que vivre parmi les Rêveurs représente un poids supplémentaire pour nous, et que le fardeau est plus lourd quand ton pays te répète que le Rêve est juste, noble et vrai, que tu es fou de parler de corruption, que tu vois le mal partout. Pour préserver leur innocence, ils déclarent nulles ta colère et ta peur, si bien qu'à force tu penses tout et son contraire. Pour finir tu t'en prends à toi-même : « Les noirs sont les seuls qui... », tu mets en doute ta propre humanité, tu fulmines contre le taux de criminalité dans le ghetto, parce que tu es impuissant face au grand crime de l'histoire qui a créé ces mêmes ghettos.

C'est terrible de prendre conscience que tu es « l'en dessous » indispensable à ton pays. C'est un fait qui abîme profondément ce qu'on aimerait penser de nous-mêmes, de nos vies, du monde dans lequel nous évoluons et des gens qui nous entourent. L'effort que nous devons fournir pour comprendre est notre unique atout dans cette folie. Lorsque j'ai commencé à me rendre sur les champs de bataille de la guerre de Sécession, j'étais conscient qu'ils avaient été remodelés afin de servir de décor à une vaste supercherie, et c'était la seule chose à laquelle je pouvais me raccrocher, parce qu'ils ne pouvaient plus m'insulter en me mentant. Plus important encore, je savais que, en leur for intérieur, eux aussi savaient. J'aime à penser que c'est ce qui m'a empêché de te mettre en danger, que comprendre et accepter la colère me permet de mieux la maîtriser. J'aime à penser que, si j'avais su, à l'époque, j'aurais pu trouver les mots pour parler à cette femme et m'éloigner. J'aime à le penser mais je ne peux pas en être certain. La lutte est tout ce que j'ai à t'offrir, car c'est le seul aspect de ce monde sur lequel nous avons prise.

Je regrette de ne pas pouvoir faire mieux. Je regrette de ne pas être capable de te sauver, mais pas tant que ça, dans le fond. Une part de moi pense que ta vulnérabilité te rapproche du véritable sens de la vie, alors que les efforts déployés par ceux qui veulent se croire blancs les en éloignent. Le fait est que, malgré leurs illusions, leur corps n'est pas inviolable non plus. Quand leur propre vulnérabilité leur éclate à la figure, quand la police décide que les tactiques conçues pour le ghetto devraient être appliquées plus largement, quand leur société armée tire sur leurs enfants, quand la nature envoie des ouragans qui dévastent leurs villes, ils sont plongés dans un état de sidération, contrairement à nous qui avons grandi dans des conditions nous donnant à comprendre les liens de cause à effet. En réalité, je ne voudrais pas que tu sois comme eux. On t'a rangé dans une catégorie raciale où tu auras systématiquement le vent en face, où les chiens seront constamment à tes trousses. Et, dans une certaine mesure, c'est vrai pour tous les êtres vivants. La différence, c'est que tu n'as pas le privilège de pouvoir ignorer ce fait essentiel.

Je m'adresse à toi ainsi que je l'ai toujours fait, comme à l'homme posé et sérieux que je souhaite que tu deviennes, quelqu'un qui ne s'excuse pas pour sa taille, ses longs bras, son beau sourire. Ta conscience se développe, et je ne voudrais pas que tu te sentes obligé de te limiter pour mettre les autres à l'aise. De toute façon, ça ne résoudrait rien. Je n'ai jamais voulu que tu en fasses deux fois plus pour réussir, en revanche, j'ai toujours désiré que tu entames chaque journée de ta jeune vie lumineuse prêt à lutter. Ne te juge pas à l'aune de ceux qui ont besoin de croire qu'ils sont blancs. Je ne voudrais pas que tu t'enfermes dans ton propre rêve. Tout ce que je souhaite, c'est que tu sois un citoyen conscient dans ce monde terrible et beau.

Alors que je me trouvais à Chicago pour enquêter sur l'histoire de la ségrégation dans les grandes villes du Nord et la manière dont elle avait été orchestrée par des politiques gouvernementales, j'ai vu un homme noir perdre sa maison. Ce jour-là, j'accompagnais une équipe du shérif du comté en patrouille. Je suis entré chez cet homme à leur suite. Les agents parlaient à son épouse, qui essayait de comprendre ce qui se passait tout en s'occupant de leurs deux enfants. Leur visite la prenait manifestement au dépourvu, en revanche, quelque chose dans l'attitude du mari m'indiquait qu'il n'était pas surpris. Dans les yeux de la femme, outre le choc, on lisait de la colère, autant contre son époux que contre les représentants de la loi. Plantés au milieu du salon, ils donnaient des ordres et annonçaient ce qui allait se passer. Une équipe embauchée pour emporter les possessions de la famille attendait dehors. L'homme était humilié. Je suppose qu'il portait seul ce fardeau depuis un certain temps, incapable d'en parler à sa femme, peut-être incapable de se l'avouer à lui-même. Et, à présent, toute cette énergie contenue se muait en colère dirigée contre les autorités. Il jurait. Il tempêtait. Il gesticulait. Ce bureau du shérif était pourtant plus progressiste que d'autres. On y était conscient des problèmes liés à l'incarcération de masse. Un travailleur social était souvent présent lors des expulsions. Mais cela n'avait rien à voir avec la logique impitoyable régissant le monde dans lequel vivait cet homme, une logique fondée sur des lois qui étaient le produit d'une histoire bâtie sur le mépris des gens comme lui, et sur l'indifférence quant à leur destin.

Il continuait d'abreuver d'injures les policiers. Après leur départ, il s'en est pris aux noirs embauchés pour jeter sa famille à la rue. Son attitude me rappelait celle d'autres Africains-Américains démunis que j'avais pu croiser, jouant à l'excès de leur corps pour dissimuler le pillage fondamental contre lequel ils étaient impuissants.

J'avais passé des semaines à arpenter Chicago, à traverser ses terrains vagues, à regarder des jeunes garçons désœuvrés, à m'asseoir dans des églises qui se démenaient pour aider la population, à frémir devant des fresques urbaines dédiées aux morts. Et, de temps en temps, j'étais invité dans l'humble logis de noirs qui entraient dans la dixième décennie de leur vie. Ces hommes et ces femmes imposaient le respect. Leur maison affichait tous les emblèmes d'une existence honorable : médailles citoyennes, portraits de conjoints défunts, plusieurs générations d'enfants arborant la toge et la toque à la remise des diplômes. Ces distinctions, ils les avaient obtenues en faisant le ménage dans de grandes villas, tandis qu'eux-mêmes vivaient dans de minuscules taudis au fin fond de l'Alabama, avant de migrer à Chicago. Ils les avaient obtenues en dépit de cette ville, où ils avaient cru trouver un répit, mais où le pillage était simplement plus insidieux. Ils cumulaient deux ou trois emplois, avaient envoyé leurs enfants au lycée et à l'université, étaient devenus des piliers de leur communauté. Je les admirais, mais je savais que je ne rencontrais que les survivants, ceux qui avaient résisté, en dépit du mépris glacial des banques et de la compassion factice des promoteurs (« Je suis navré mais cette maison a été vendue hier »), les renvoyant aux ghettos ou aux quartiers condamnés à se transformer en ghettos rapidement, en dépit des prêteurs qui n'avaient pas tardé à se jeter sur cette classe captive pour tenter de la dépouiller de ce qui lui restait. Dans ces maisons, je voyais les meilleurs d'entre nous, mais je savais que, derrière chacun d'entre eux, on comptait des millions de sacrifiés.

Je savais que dans le Westside à Baltimore, des enfants naissaient dans des quartiers-prisons similaires, des ghettos dont la construction avait été soigneusement planifiée, comme tout projet d'aménagement du territoire. Il s'agit là d'actes de racisme élégants, de champs de la mort créés par des politiques fédérales où, une fois encore, on nous dépossède de notre dignité, de nos familles, de nos ressources, de nos vies. Il n'y a aucune différence entre le meurtre de Prince Jones et les crimes qui ravagent ces champs de la mort, car le premier comme les seconds procèdent de notre inhumanité présumée. Une culture du pillage, un enchevêtrement de lois et de traditions, un héritage, un Rêve : voilà ce qui a tué Prince Jones, voilà ce qui tue les noirs à North Lawndale avec une régularité terrifiante. Les violences intracommunautaires, les « meurtres entre noirs », c'est du jargon, une distorsion de la langue pour absoudre les individus qui ont établi les contrats immobiliers, fixé les règles des emprunts, conçu les cités, bâti les rues et vendu des tonneaux d'encre rouge[7]. Cela ne devrait pas nous étonner. Le pillage des vies noires est un principe que ce pays s'est vu inculquer dès son plus jeune âge et qui a été renforcé tout au long de son histoire, si bien que c'est devenu un trésor de famille, une manière de penser, une sensibilité, un réglage par défaut auquel on nous renverra sans doute jusqu'à la fin de nos jours.

Les champs de la mort de Chicago, de Baltimore et de Détroit ont été créés par la politique des Rêveurs, mais le fardeau et la honte reposent uniquement sur les épaules de ceux qui y crèvent. Là encore, il y a une grande supercherie. S'indigner des « meurtres entre noirs » revient à abattre un homme puis à lui reprocher de saigner. Et le postulat qui a permis la création des champs de la mort – la dévalorisation du corps noir – est celui qui a autorisé le meurtre de Prince Jones. Le Rêve de ceux qui se comportent comme des blancs, parlent comme des blancs et veulent être blancs a assassiné Prince Jones aussi sûrement qu'il assassine inexorablement des noirs à Chicago. Je t'en conjure : refuse le mensonge. Ne bois pas le poison. Les mains qui ont tracé une ligne autour de la vie de Prince Jones sont celles qui ont cerclé de rouge les ghettos.

Je ne souhaitais t'élever ni dans la peur ni dans le mensonge. Je ne voulais t'obliger ni à réprimer tes joies ni à te bander les yeux. Je voulais éveiller ta conscience. J'ai donc décidé de ne rien te cacher.

Te souviens-tu de la première fois où je t'ai emmené au travail, quand tu avais treize ans ? Je devais interviewer la mère d'un garçon noir mort. Il avait eu des mots avec un blanc et celui-ci l'avait abattu parce qu'il refusait de baisser sa musique. Après avoir vidé son arme, le tueur avait conduit sa petite amie à l'hôtel. Ils avaient bu. Ils avaient commandé une pizza. Puis, le lendemain, quand il l'a jugé bon, l'homme s'est présenté à la police. Il affirmait avoir vu un fusil. Avoir craint pour sa vie et triomphé en recourant à une violence légitime. « Je suis la victime et le vainqueur », a-t-il déclaré, comme des générations d'Américains avant lui. On n'a jamais retrouvé l'arme. Son allégation a malgré tout influencé le jury. Le tueur n'a pas été condamné pour le meurtre de l'adolescent, mais uniquement pour avoir tiré à plusieurs reprises sur ses amis qui tentaient de fuir. Il est permis de détruire un corps noir, à condition d'être efficace.

La mère du jeune garçon assassiné avait décidé de s'adresser à la presse. Nous l'avons rencontrée dans le hall de son hôtel, à Times Square. Elle était de taille moyenne, la peau brune, les cheveux aux épaules. Le verdict remontait à moins d'une semaine, mais elle était calme et digne. Plutôt que de se répandre en invectives, elle s'est interrogée à voix haute. Les règles qu'elle avait enseignées à son fils étaient-elles suffisantes ? Elle voulait qu'il se batte pour ce en quoi il croyait et qu'il se montre respectueux. Et il était mort parce qu'il estimait que ses amis avaient le droit d'écouter de la musique fort, qu'ils avaient le droit d'être des adolescents américains. Elle ne pouvait pas s'empêcher de se demander : « S'il n'avait pas répondu, s'il n'avait pas protesté, serait-il encore en vie ? »

Elle n'oublierait pas la singularité de son fils, son parcours unique. Elle n'oublierait pas qu'il avait un père qui l'aimait, et qui l'avait accueilli pendant qu'elle luttait contre le cancer. Elle n'oublierait pas qu'il était plein d'entrain, qu'il avait toujours de nouveaux amis qu'elle transportait dans son monospace. Et elle continuerait à le faire vivre à travers son engagement. Je lui ai avoué que le verdict m'avait mis en colère. Que quelqu'un parmi les jurés ait trouvé plausible la présence d'une arme dans la voiture me sidérait. Elle était abasourdie elle aussi, a-t-elle clarifié. Je ne devais pas prendre son calme pour une absence de colère. Mais Dieu l'avait détournée de la vengeance pour la guider vers la rédemption. Dieu lui avait parlé et elle avait décidé de se consacrer à l'activisme. La mère du garçon assassiné s'est alors levée et elle t'a regardé : « Tu existes. Tu comptes. Tu as de la valeur. Tu as le droit de porter ta veste à capuche, d'écouter de la musique aussi fort que tu veux. Tu as le droit d'être toi. Personne ne devrait t'empêcher d'être toi. Tu as le devoir d'être toi. Ne crains jamais d'être toi. »

J'étais heureux de l'entendre dire ces mots. J'ai essayé d'en faire autant, et si je ne t'ai jamais parlé avec la même force et la même clarté, je reconnais que c'est parce que j'ai peur. Je n'ai aucun dieu vers qui me tourner. Je crois que, lorsqu'ils détruisent le corps, ils détruisent tout. Et je sais que chacun d'entre nous – chrétien, musulman ou athée – vit dans cette angoisse. L'anéantissement du corps. C'est une forme de terrorisme qui modifie l'orbite de nos existences. Et, comme le terrorisme, cette distorsion est volontaire, L'anéantissement du corps. Le dragon qui poussait les adolescents que j'ai connus autrefois à des fanfaronnades exubérantes pour affirmer qu'ils étaient les seuls maîtres de leur vie. L'anéantissement du corps. Le démon qui incite les survivants de la classe moyenne noire à se retrancher derrière une passivité agressive, à ne pas hausser la voix en public, à être toujours poli, à ne pas sortir les mains des poches, une attitude qui semble clamer : « Je ne fais pas de geste brusque. » L'anéantissement du corps. Le serpent de ma scolarité, exigeant que j'en fasse deux fois plus pour réussir, alors que je n'étais qu'un petit garçon. Nous étions cernés par la mort, mais en notre for intérieur nous savions, sans être capables de le formuler, que le commanditaire de ces crimes ne se trouvait pas parmi nous, qu'ils servaient les objectifs de quelqu'un d'autre. Et nous avions raison.

Voici comment je mesure mes progrès : je me représente tel que j'étais enfant à West Baltimore, évitant le croisement de North Avenue et de Pulaski Street, rasant les murs lorsque je passais devant Murphy Homes, redoutant l'école et la rue, et je dresse le tableau de ma vie actuelle à ce garçon perdu, lui demandant ce qu'il en pense. Une fois seulement – au cours des deux ans qui ont suivi ta naissance, pendant les deux premiers rounds du plus grand combat de mon existence – j'ai pensé qu'il aurait été déçu. Aujourd'hui, à l'âge charnière de quarante ans, j'ai atteint une situation qui, aussi modeste soit-elle, est très loin de tout ce qu'il aurait pu envisager. Je ne trouvais pas ma place dans la rue car je n'analysais pas assez rapidement le langage corporel. Je ne trouvais pas ma place à l'école car je ne voyais pas où elle pourrait me mener. Pourtant, je ne suis pas tombé. J'ai ma famille. J'ai mon travail. Je n'éprouve plus le besoin de baisser la tête dans les soirées et de murmurer que « j'essaie d'écrire ». Bien qu'athée, le fait d'être humain, d'avoir la faculté d'étudier, d'être en cela remarquable comparé à toutes les particules qui flottent dans le cosmos, m'émerveille toujours autant.

J'ai consacré une grande part de mon travail à chercher la bonne question, celle qui me permettrait de véritablement comprendre ce qui se dressait entre le monde et moi. Je n'ai pas passé mon temps à m'intéresser à la « race », car la « race » n'est qu'une façon de reformuler le problème, de le réduire. Régulièrement, un imbécile – qui en général se croit blanc – propose de tout régler par une gigantesque orgie entre noirs et blancs, laquelle ne s'achèvera que lorsque nous serons tous beiges et donc de la même « race ». Sauf qu'un grand nombre de « noirs » sont déjà beiges. Et l'histoire des civilisations est pavée de « races » disparues (Francs, Italiens, Allemands, Irlandais), abandonnées quand elles perdaient leur raison d'être : l'organisation de la société entre ceux qui sont protégés par des droits et les autres.

Si ma vie s'achevait aujourd'hui, je dirais qu'elle a été heureuse, que j'ai tiré de grandes joies de l'étude et de la lutte que je t'invite à rejoindre. Tu as compris que la lutte m'a déconstruit et recomposé plus d'une fois : à Baltimore, à La Mecque, quand je suis devenu père, puis à New York. Ces transformations successives m'ont procuré un ravissement qui n'est accessible que si on ne se laisse plus leurrer, que si on a rejeté le Rêve. Plus encore, ces transformations m'ont appris à exploiter au mieux l'aptitude humaine pour l'étude, à reconsidérer ce que je voyais, puis à le reconsidérer encore, car les questions ont autant d'importance, voire plus, que les réponses.

Mais mes yeux, ô mes yeux. Quand j'étais enfant, aucune partie de mon corps n'a autant souffert que mes yeux. Si je m'en sors bien à considérer mes critères d'alors, c'est aussi parce que mes ambitions étaient bornées par la vision limitée d'un gamin appartenant à une classe captive. Le Rêve semblait l'aboutissement suprême, en ce temps-là : devenir riche et habiter l'une de ces maisons à la campagne, dans une petite ville coupée de la réalité, un cul-de-sac aux allées doucement incurvées, où on tournait des films pour adolescents, où les enfants construisaient des cabanes dans les arbres et où, pendant l'année d'oisiveté qui précédait l'entrée à la fac, les jeunes faisaient l'amour dans des voitures garées au bord du lac. Le Rêve était le bout du monde pour moi, l'apogée de l'ambition américaine. Que pouvait-il y avoir au-delà des images retransmises par la télé, au-delà des banlieues résidentielles ?

Ta mère savait, elle. Peut-être parce qu'elle avait grandi dans ce genre d'endroit, à proximité des Rêveurs. Peut-être parce que ceux qui se croyaient blancs lui disaient qu'elle était intelligente, puis ajoutaient qu'elle n'était pas vraiment noire, pensant lui adresser un compliment. Peut-être parce que les garçons – qui eux étaient vraiment noirs – lui disaient qu'elle était « mignonne pour une fille à la peau foncée ». Ta mère ne s'est jamais sentie tout à fait à sa place, si bien qu'elle a toujours cherché ailleurs, d'abord à La Mecque, puis à New York, et encore plus loin. Pour son trentième anniversaire, elle s'est offert un séjour à Paris. Je ne sais pas si tu t'en souviens. Tu n'avais que six ans. Nous avons passé la semaine tous les deux à manger du poisson frit au petit déjeuner et du gâteau au dîner, laissant traîner nos caleçons sur le plan de travail de la cuisine, en écoutant à fond Ghostface Killah. Je n'avais jamais envisagé de quitter les États-Unis, même brièvement. Mes pauvres yeux… Mon ami Jelani, qui a eu une enfance similaire à la mienne, m'a confié avoir longtemps cru que voyager était un luxe futile, comme de gaspiller l'argent du loyer dans un smoking rose. Et j'en pensais autant, en ce temps-là. Les rêves parisiens de ta mère me sidéraient. Je ne les comprenais pas, et je ne voyais pas l'intérêt d'essayer de les comprendre. Une part de moi était toujours en cours de français au collège, obnubilée par la sécurité immédiate de mon corps, et la France me paraissait aussi inaccessible que Jupiter.

Puis ta mère y est allée et, à son retour, ses yeux brillaient à l'évocation de toutes les possibilités que

ce pays avait à offrir, pour elle, mais également pour toi et moi. C'est étrange, la manière dont on attrape le virus. Un peu comme l'amour : les détails qui te séduisent sont si minuscules, ce qui t'empêche de dormir la nuit est tellement particulier que, quand tu essaies de communiquer ton enthousiasme, tu ne recueilles que des hochements de tête polis. Ta mère avait pris une multitude de photos à Paris, des portes, des portes géantes : bleu foncé, ébène, orange, turquoise, rouge flamboyant.

J'étudiais ces portes gigantesques dans notre petit appartement de Harlem. Je n'avais jamais rien vu de tel. Il ne m'était même jamais venu à l'esprit que de telles portes puissent exister, être très communes dans une partie du monde et totalement introuvables ailleurs. Je me suis rendu compte en écoutant ta mère que la France n'était pas une chimère, mais un lieu authentique, où vivaient des personnes authentiques, dont les traditions différaient des nôtres, dont les vies étaient différentes, dont le sens esthétique était différent.

Rétrospectivement, je suis conscient que c'est aussi parce que j'étais prêt. À cette époque, parmi mes amis, beaucoup avaient des liens particuliers avec des mondes différents. « Fais honneur à ta race », disaient les anciens. Je savais déjà que je n'étais pas tant rattaché à une soi-disant « race » biologique qu'à un groupe de gens, et que ces gens n'étaient pas noirs en raison de la couleur de leur peau ou de certains traits morphologiques, mais parce qu'ils peinaient sous le poids du Rêve ; ils étaient liés par toutes les belles choses, la langue et les particularismes, les spécialités culinaires et la musique, la littérature et la philosophie, le mode de communication, tous ces diamants qu'ils avaient polis sous le joug. Récemment, à l'aéroport, alors que je récupérais mon sac sur le tapis roulant, j'ai bousculé un jeune homme noir. Je me suis excusé : « Pardon. » Sans même relever la tête, il m'a répondu :

« T'inquiète. » Dans cet échange, il y avait une forme d'intimité qui existe seulement entre deux membres de la tribu qu'on appelle les noirs. En d'autres termes, j'appartenais à un monde. Et lorsque je regardais autour de moi, je constatais que j'avais des amis qui faisaient partie d'autres mondes, celui des Juifs, des New-Yorkais, des gens du Sud, des gays, des immigrants, des Californiens, des Américains autochtones – quand ils n'appartenaient pas à plusieurs d'entre eux à la fois, tous ces mondes entrelacés comme les fils d'une tapisserie. Et même si, pour ma part, je n'étais issu d'aucun de ces groupes, je savais que rien d'aussi essentialiste que la race ne s'élevait entre nous. J'avais suffisamment lu pour cela. Et mes yeux – si beaux, si précieux – n'en finissaient pas de se dessiller. Je voyais que ce qui se dressait entre le monde et moi n'était en rien inhérent à nous, mais que c'était en fait le tort même causé par ceux qui étaient déterminés à nous attribuer un nom, et à croire que c'était plus important que tout ce que nous pourrions faire. Aux États-Unis, le tort n'est pas de naître avec la peau plus sombre, les lèvres plus pleines, le nez plus épaté, c'est tout ce qui vient ensuite. Dans ce simple échange à l'aéroport, j'avais employé la langue de mon peuple. C'était un moment d'intimité fugace, mais empreint de la beauté du monde noir : la familiarité immédiate entre ta mère et moi, le miracle de La Mecque, la façon dont je me sentais disparaître dans les rues de Harlem. Qualifier ce sentiment de racial reviendrait à livrer aux pilleurs tous les diamants polis par nos ancêtres. Nous l'avons fabriqué, ce sentiment ; bien qu'il se soit forgé dans l'ombre de ceux qui ont été assassinés, violés et dépossédés de leur corps, il reste notre œuvre. Voilà la beauté qui m'a été révélée, et je pense que j'en avais besoin avant d'aller voir ailleurs. J'avais besoin de savoir que je venais de quelque part, que ma maison n'avait rien à envier à celle des autres.

Sept ans après avoir contemplé les photos de portes prises par ta mère, j'ai reçu mon premier passeport adulte. Je regrette qu'il ait fallu autant de temps. Je regrette de ne pas avoir été capable de rattacher les conjugaisons, les verbes et le genre des noms à quelque chose de plus vaste, quand j'étais en cours de français. Je regrette que personne ne m'ait dit de quoi il s'agissait réellement : une porte vers un autre monde bleu. À présent, je voulais le découvrir par moi-même, voir ces portes et ce qu'il y avait derrière. Le jour de mon départ, je suis allé au restaurant avec ta mère qui m'avait tant appris. « J'ai peur », lui ai-je dit. Je ne parlais pas vraiment le français. J'ignorais tout des coutumes. Je serais seul. Elle m'écoutait en silence, sa main posée sur la mienne. Ce soir-là, j'ai embarqué à bord d'un vaisseau spatial. Le vaisseau a transpercé l'obscurité, il a transpercé le ciel, dépassé West Baltimore,

La Mecque, New York, toutes les langues et les nuances que je connaissais.

J'ai atterri à Genève. Tout s'est précipité. Il fallait changer de l'argent. Il fallait prendre un train de l'aéroport pour se rendre jusqu'à la gare, et monter dans un autre train pour Paris. Quelques mois plus tôt, j'avais commencé à étudier mollement le français. Et soudain, j'étais pris dans une tourmente, submergé, à vrai dire, et seulement équipé pour comprendre des bribes de la langue : « qui », « euros », « vous », « à droite ». J'étais terrifié.

J'ai examiné les horaires des trains et j'ai soudain pris conscience de ma situation : une malheureuse erreur et je me retrouverais à Vienne, à Milan, ou dans un village des Alpes dont personne de mon entourage n'avait jamais entendu parler. Il s'est alors produit quelque chose en moi. La sensation d'être très loin, les possibilités sans fin, tout – l'horreur, l'émerveillement, la joie – s'est agrégé pour créer une excitation presque érotique. Ce genre de frisson ne m'était pas totalement étranger. Il était proche de ce que j'avais éprouvé devant les livres de Moorland. Il s'apparentait à la déflagration qui m'avait secoué quand j'avais vu les gens bavarder sur les trottoirs de West Broadway avec leur verre de vin. C'était ce que j'avais ressenti devant les photos des portes parisiennes. À cet instant, j'ai compris que ces transformations, avec leur cortège de souffrances, de gaucherie et de confusion étaient le fil rouge de ma vie et, pour la première fois, j'ai pris conscience que non seulement j'étais vraiment vivant, que non seulement j'observais et j'étudiais vraiment : mais que c'était le cas depuis longtemps, même à Baltimore. J'étais vivant depuis le début. J'avais toujours traduit, toujours interprété.

Je suis arrivé à Paris. J'ai pris une chambre dans un hôtel du VIe arrondissement. J'ignorais tout de l'histoire du quartier. Je ne pensais pas plus que ça à James Baldwin ni à Richard Wright. Je n'avais lu ni Sartre ni Camus, et si je suis passé devant le café de Flore ou les Deux Magots, je n'y ai pas spécialement prêté attention. Rien de tout cela ne comptait. On était vendredi, et j'étais fasciné par les rues bondées de passants qui formaient des constellations fabuleuses. Des groupes d'adolescents dans les cafés. Des écoliers tapant dans un ballon de foot sur le trottoir, leur sac posé dans un coin. Des couples d'un certain âge en long manteau ou en veste, écharpe au vent. Des jeunes d'une vingtaine d'années, beaux et branchés, sortant d'établissements divers. Ça me rappelait New York, la peur latente en moins. Les gens ne portaient pas d'armure, ou du moins aucune de celles que je connaissais. Les petites rues étaient jalonnées de bars, de restaurants et de cafés. Tout le monde déambulait à pied. Ceux qui ne marchaient pas étaient enlacés. Je ne me sentais plus. J'étais au top. Ma coupe de cheveux était parfaitement géométrique, les lignes aussi tranchantes qu'une lame de rasoir. Je me fondais dans la ville, comme du beurre dans la soupe. Dans ma tête, j'entendais Big Boi chanter :

> « *I'm just a playa like that, my jeans was sharply creased.*
> *I got a fresh white T-shirt, and my cap is slightly pointed East*[8]. »

J'ai dîné avec un ami. Le restaurant n'était pas plus grand que deux salons réunis. Les tables étaient tellement serrées que, pour t'asseoir, la serveuse devait réaliser un tour de passe-passe. Elle tirait une table et tu te retrouvais coincé derrière, comme un enfant dans sa chaise bébé. Il fallait l'appeler pour aller aux toilettes. J'ai commandé dans mon français calamiteux. Elle a hoché la tête sans éclater de rire. Son amabilité n'était pas forcée. Le vin était fabuleux. J'ai pris un steak. Un os à moelle accompagné de baguette. Du foie. J'ai pris un expresso et un dessert que je serais incapable de nommer. Je voulais dire en français que le repas était somptueux. La serveuse m'a interrompu en anglais : « Le meilleur de votre vie, c'est ça ? » Je me suis levé pour faire quelques pas. J'avais englouti la moitié de ce qui figurait sur le menu, pourtant, je me sentais léger comme une plume. Le lendemain matin, j'ai sillonné la ville. Je suis allé au musée Rodin. Je me suis arrêté dans un bistro et, aussi intimidé qu'un adolescent abordant une jolie fille à une fête, j'ai commandé deux bières et un hamburger. Je suis allé au jardin du Luxembourg. Il était environ 16 heures. Je me suis assis. Le parc fourmillait de promeneurs dont les manières m'étaient étrangères. Un drôle de sentiment de solitude s'est emparé de moi. Peut-être était-ce parce que je n'avais pas prononcé un mot d'anglais de la journée. Peut-être était-ce parce que je ne m'étais jamais assis dans un jardin public jusque-là, que je n'avais même jamais pensé que je pourrais y prendre plaisir. Et partout autour de moi se trouvaient des gens pour qui c'était naturel.

J'ai alors songé que j'étais vraiment dans un autre pays et, en même temps, que je demeurais inévitablement à l'extérieur de ce pays. Aux États-Unis, je faisais partie d'une équation, même si la place que j'y occupais ne me plaisait pas. J'étais celui que la police arrêtait sur la 23e Rue en plein jour pendant la semaine. J'étais celui qui était attiré par La Mecque. J'étais non seulement un père mais le père d'un jeune garçon noir. J'étais non seulement un époux mais l'époux d'une femme noire, un symbole de l'amour noir lourd de sens. Et voilà que, pour la première fois de ma vie, dans ce jardin, j'étais un extraterrestre, un marin : un être à la dérive, coupé des autres. Et je trouvais regrettable de ne jamais avoir éprouvé ce genre de solitude jusque-là, de ne jamais avoir eu l'impression d'être totalement extérieur au rêve de ceux qui m'entouraient. Je sentais soudain tout le poids des chaînes générationnelles : mon corps cantonné dans certains espaces par l'histoire et par la politique. Quelques-uns d'entre nous parviennent à s'en sortir. Mais les dés sont pipés. J'aurais aimé en savoir plus et j'aurais aimé accéder à ce savoir plus tôt. Ce soir-là, j'ai regardé des adolescents réunis sur les quais de la Seine prendre du bon temps comme tous les adolescents du monde, et je me suis senti envahi de regrets. J'aurais tellement aimé avoir vécu ça, j'aurais tellement aimé avoir un passé distinct de la peur. Je n'avais pas ce passé ni ces souvenirs. Mais je t'avais toi.

Nous sommes retournés à Paris cet été-là, parce que ta mère adorait la ville, parce que j'en adorais la langue, mais surtout à cause de toi.

Je voulais que tu aies une vie à toi, décorrélée de la peur, et même décorrélée de moi. Je suis blessé. Je porte l'empreinte des anciens codes, qui m'ont protégé dans un monde et enchaîné dans l'autre. Je me souviens d'une conversation téléphonique : ta grand-mère me faisait remarquer que tu n'en finissais pas de grandir, ajoutant qu'un jour, tu essaierais de « me pousser à bout ». Je lui ai répondu que si ce jour arrivait, j'estimerais avoir échoué dans mon rôle de père, car si je n'avais que mes mains pour t'obliger à m'écouter, alors, je n'avais rien du tout. Pardonne-moi, mon garçon, car je savais ce qu'elle voulait dire et, quand tu étais plus jeune, je pensais comme elle. Aujourd'hui, j'en ai honte, j'ai honte de ma peur, des chaînes générationnelles que j'ai essayé de refermer sur tes poignets. Tu ne tarderas pas à prendre ton envol, et je regrette de ne pas avoir été plus doux avec toi. C'est ta mère qui m'a appris à exprimer mon amour, à t'embrasser et à te dire chaque soir que je t'aimais. Pourtant, en dépit des années, j'ai toujours l'impression d'accomplir un rituel. C'est parce que je suis blessé. Parce que je suis encore contraint par les anciennes règles. J'ai grandi dans un foyer dur. Aimant, mais *dur*, car il était assiégé par son propre pays. Même à Paris, je ne pouvais pas me défaire de ces règles, je ne pouvais pas m'empêcher de regarder derrière moi chaque fois que je croisais un inconnu ; j'étais constamment sur le qui-vive.

Alors que nous étions là depuis quelques semaines, j'ai rencontré quelqu'un qui était aussi désireux d'améliorer son anglais que je l'étais de progresser en français. Nous nous sommes retrouvés un jour devant Notre-Dame. Nous avons déambulé dans le Quartier latin. Nous sommes passés devant une cave à vin dotée d'une terrasse. Nous nous sommes attablés pour boire une bouteille de vin rouge. On nous a servi de la charcuterie, du fromage et du vin en abondance. Étions-nous en train de dîner ? Y avait-il des gens qui vivaient ainsi ? Cela dépassait l'entendement. Ou était-ce une mise en scène élaborée pour mieux m'arnaquer ? Mon compagnon a payé. Je l'ai remercié. En sortant, je l'ai quand même laissé passer devant. Il voulait me montrer un de ces vieux édifices qui semblent pousser à chaque coin de rue, dans cette ville. Je le suivais toujours. À présent, j'étais sûr qu'il allait s'engouffrer brusquement dans une impasse, où ses amis m'attendraient pour me dépouiller de... de quoi, au juste? Mais mon nouvel ami m'a montré le bâtiment, il m'a serré la main et il m'a souhaité une « bonne soirée », avant de disparaître dans la nuit immense et ouverte. Je l'ai laissé s'éloigner, soudain convaincu d'être passé à côté de quelque chose à cause de mes yeux, parce que Baltimore avait façonné mon regard, parce que je portais les œillères de la peur.

Je voulais mettre autant de distance que possible entre toi et cette peur inhibante. Je voulais que tu voies des êtres humains différents, obéissant à des règles diverses. Je voulais que tu voies les couples assis côte à côte dans les cafés, face à la rue ; je voulais que tu voies les femmes sur leur vieille bicyclette, en longue robe blanche, sans casque, et celles en mini-short en jean, filant à toute allure sur leurs rollers roses. Je voulais que tu voies les hommes en pantalon saumon et chemise immaculée, un pull de couleur vive sur les épaules, les hommes qui passaient et repassaient en décapotable de luxe, satisfaits de leur vie. Tous fumaient des cigarettes. Tous savaient qu'une mort atroce ou une soirée de débauche les attendait au coin de la rue. Te souviens-tu de tes yeux qui se sont illuminés comme des bougies à

Saint-Germain-des-Prés ? C'était pour ce regard que je vivais.

Pourtant, en même temps, je voulais que tu sois lucide, que tu comprennes que prendre nos distances avec la peur ne nous dispensait pas de la lutte. Nous serons toujours noirs, toi et moi, même si le sens de ce mot varie en fonction du lieu. La France s'est bâtie sur son propre rêve, sur ses propres corps. N'oublie pas que tu dois ton nom à un homme qui s'est opposé à ce pays et à son projet de pillage colonial. Certes, là-bas, nous ne sommes pas tant noirs qu'américains, notre nationalité reconnaissable à notre piètre maîtrise du français. Certes, le regard que posent sur nous les Américains qui se croient blancs à quelque chose de très spécifique, quelque chose de sexuel et d'obscène. Nous n'avons pas été réduits en esclavage en France. Nous ne sommes pas leur « problème » ni l'objet de leur sentiment de culpabilité national. Nous ne sommes pas leurs nègres. S'il y a là quelque chose de réconfortant, ce n'est pas le genre de consolation que je t'encourage à rechercher. Souviens-toi de ton nom. Souviens-toi que nous sommes issus d'une même lignée, que nous sommes les enfants du viol transatlantique et qu'il en résulte une conscience plus vaste. Qu'au bout du compte, cette conscience ne doit jamais être raciale, mais universelle. Souviens-toi des Roms qui mendiaient avec leurs enfants dans la rue, et de la cruauté avec laquelle ils étaient traités. Souviens-toi du chauffeur de taxi algérien qui disait ouvertement détester Paris puis, nous regardant ta mère et moi, a décrété que nous étions tous unis sous la bannière de l'Afrique. Souviens-toi du grondement que nous percevions sous la beauté, comme si la ville était un Pompéi en sursis. Souviens-toi du sentiment que les superbes jardins publics, les longs déjeuners, tout cela pouvait être démoli par une mécanique que nous ne comprenions pas totalement, quelque chose qui se rapprochait de nos règles et de la faillite de notre propre pays.

J'étais heureux que ton oncle Ben et ta tante Janai soient présents. Eux aussi devaient tempérer leur émerveillement devant ce qu'ils voyaient, car ils savaient sur qui ce pays s'était en partie bâti. Eux aussi avaient découvert le voyage à l'âge adulte, eux aussi avaient été noirs aux États-Unis et avaient l'habitude de devoir se soucier constamment de la sécurité de leur corps. Nous étions tous conscients que les forces qui réprimaient nos corps chez nous n'étaient pas sans lien avec celles qui avaient contribué à la richesse de la France. Nous savions qu'une grande partie de ses réalisations avait été bâtie sur le pillage des corps haïtiens, des corps wolofs, sur la destruction des Toucouleurs, sur la prise de Bissandougou.

Cet été-là, l'homme qui avait tué Trayvon Martin a été acquitté ; cet été-là, j'ai compris qu'il n'y avait pas de vitesse de libération. L'Amérique finirait toujours par nous rattraper, peu importe la langue. Te souviens-tu du jour où nous avons pris le métro jusqu'à la place de la Nation pour fêter ton anniversaire avec Janai, Ben et les enfants ? Te souviens-tu du jeune homme qui se tenait à la sortie de la station pour manifester ? Te souviens-tu de sa pancarte ? VIVE LE COMBAT DES JEUNES CONTRE LES CRIMES RACISTES ! USA : TRAYVON MARTIN, 17 ANS, ASSASSINÉ CAR NOIR ET LE RACISTE ACQUITTÉ.

Les errements de ma jeunesse ne m'ont pas tué. Je n'ai pas succombé à l'ignorance. Je ne suis pas allé en prison. Je m'étais prouvé qu'il existait une autre voie que l'école ou la rue. J'avais le sentiment de compter parmi les rescapés d'une terrible catastrophe naturelle, d'un fléau, d'une avalanche ou d'un tremblement de terre. J'avais survécu à une hécatombe et, me trouvant à présent dans une contrée que j'avais longtemps crue chimérique, le monde m'apparaissait nimbé d'un halo : les foulards parisiens pastel semblaient plus vifs, l'odeur qui s'échappait des boulangeries plus enivrante, et les mots qui résonnaient autour de moi ressemblaient moins à une langue qu'à une danse.

Ton chemin sera différent. C'est inévitable. À onze ans, tu savais des choses que j'ignorais à vingt-cinq. À onze ans, ma priorité était la sécurité de mon corps. Je devais constamment m'accommoder de la violence – chez moi et au-dehors. Toi, tu as déjà des espérances. La survie et la sécurité ne te suffisent pas. Tes espoirs – tes rêves, si tu préfères – suscitent en moi des émotions contradictoires. Je suis immensément fier de toi : de ton ouverture d'esprit, de ton ambition, de ton agressivité, de ton intelligence. Mon travail, au cours du peu de temps qu'il nous reste à passer ensemble, est de tempérer cette intelligence par un peu de sagesse. Cette sagesse consiste notamment à comprendre ce qui t'a été donné : une ville où les bars gays n'ont rien d'extraordinaire, une équipe de football où la moitié des joueurs parlent une autre langue. Ce que j'essaie de te dire, c'est que tout cela ne t'appartient pas en propre, que la beauté en toi n'est pas uniquement tienne, qu'elle est aussi due à la sécurité peu commune dont tu as bénéficié en dépit de ton corps noir.

Peut-être est-ce pour cette raison que tu as dû quitter le salon quand tu as appris que le tueur de Mike Brown ne serait pas condamné. Peut-être pleurais-tu parce que tu comprenais soudain que la sécurité relative dont tu jouissais ne te protégerait pas d'un assaut mené au nom du Rêve. Dans la situation actuelle de notre pays, si tu étais victime d'une telle agression et que tu perdais ton corps, au bout du compte, ce serait ta faute. Le sweat à capuche de Trayvon Martin lui a coûté la vie. Jordan Davis écoutait de la musique trop fort. John Crawford n'aurait pas dû prendre une carabine à air comprimé dans le magasin. Kajieme Powell n'avait qu'à pas être fou. Et tous auraient dû avoir un père, même ceux qui en avaient un, même toi. Le Rêve a besoin de se justifier, sans quoi il se désagrège. Michael Brown te l'a appris ; moi, ce fut Prince Jones.

Si Michael Brown n'a pas été tué les mains en l'air comme beaucoup de ses défenseurs le croyaient, sa mort pose d'autres questions que l'on préfère éluder. Agresser un représentant de l'État devrait-il être un crime passible de la peine capitale, la sentence exécutée sans procès par le policier, à la fois juge et bourreau ? Est-ce la civilisation dont nous voulons ? Pendant ce temps, les Rêveurs pillent Ferguson au nom de l'ordre public. Ils torturent des musulmans, et leurs drones bombardent des mariages (accidentellement !) ; citant Martin Luther King, ils prônent la non-violence pour les faibles et réclament des armes toujours plus puissantes pour les forts. Chaque fois qu'un policier s'adresse à nous, nous courons le risque d'être tués, blessés ou mutilés. Il ne suffit pas de dire que c'est vrai pour tout le monde, ou plus vrai pour les criminels et les délinquants. À l'instant où la police a décidé de filer Prince Jones, sa vie était en danger. Les Rêveurs l'acceptent, parce que c'est le prix à payer pour faire des affaires, ils acceptent que nos corps soient une devise, parce que c'est la tradition. À sa naissance, l'esclavage a procuré à ce pays l'apport financier qui lui a permis d'acquérir sa liberté. Après la guerre de Sécession, après la ruine et la libération il y a eu la « Rédemption » d'un Sud impénitent puis la « Réunion », et nos corps ont fourni une nouvelle manne à l'Amérique. À l'époque du New Deal, nous avons payé leur chambre d'amis et l'aménagement de leur sous-sol. Aujourd'hui, la politique carcérale a transformé l'emprisonnement des Africains-Américains en programme d'aide à l'emploi et en investissement lucratif pour les Rêveurs ; quand on sait que huit pour cent de la totalité des personnes emprisonnées dans le monde sont des hommes noirs, on peut affirmer que nos corps ont refinancé le Rêve d'être blanc. La vie noire ne vaut peut-être pas grand-chose, mais aux États-Unis, les corps noirs sont une ressource naturelle inestimable.

III

Et ils ont conduit l'humanité au bord du néant :
parce qu'ils se croient blancs.

James BALDWIN[1]

Au cours des années qui ont suivi la mort de Prince Jones, j'ai souvent pensé à ceux qui avaient dû continuer à vivre dans l'ombre de sa mort. Je songeais à sa fiancée et me demandais ce que cela faisait de voir son avenir bouleversé sans explication. Que dirait-elle à sa fille ? Comment celle-ci imaginerait-elle son père quand il lui manquerait, quels mots mettrait-elle sur son absence ? Mais, surtout, je songeais à la mère de Prince, et la question qui me hantait était : comment vivait-elle ? J'ai fini par chercher ses coordonnées en ligne. Je lui ai envoyé un mail. Elle a répondu. Alors je l'ai appelée et nous avons convenu d'un rendez-vous. Elle habitait dans un petit quartier fermé de la banlieue aisée de Philadelphie. C'était un mardi pluvieux. J'avais pris le train de New York et loué une voiture à mon arrivée. J'avais beaucoup pensé à Prince, au cours des mois précédents. Ta mère, toi et moi étions allés à La Mecque pour la réunion des anciens élèves. Beaucoup d'amis étaient venus, et Prince n'était pas là.

La Dre Jones m'a ouvert la porte. Elle était charmante, polie, la peau brune. Elle aurait aussi bien pu avoir quarante que soixante-dix ans : elle avait atteint cette période de la vie où il est difficile d'attribuer un âge précis à une personne noire. Elle affichait un calme déconcertant, étant donné le sujet de notre conversation, et pendant toute la durée de ma visite, j'ai dû faire un effort pour ne pas projeter sur elle ce que je pensais qu'elle devait ressentir. Pour ma part, j'avais l'impression qu'elle souriait sans pouvoir se départir de son regard triste, que le motif de ma présence avait ouaté de noir la maison. Je crois me souvenir qu'il y avait de la musique en sourdine – du jazz ou du gospel –, et en même temps je me rappelle un silence absolu qui envahissait tout. Je me suis demandé si elle avait pleuré. Difficile à dire. Elle m'a fait entrer dans un grand salon. Il n'y avait personne d'autre dans la maison. On était début janvier. Il y avait encore un sapin au fond de la pièce, et on avait suspendu des chaussettes de Noël au nom de sa fille et de son fils disparu. Une photographie encadrée de lui – de Prince Jones – était posée sur une table. Elle m'a laissé seul un instant pour aller me chercher de l'eau et elle est revenue avec un verre lourd. Elle-même buvait du thé. Elle m'a raconté qu'elle était née et avait grandi près d'Opelousas, en Louisiane, que ses ancêtres avaient été esclaves dans cette même région, et que la peur héritée de cette période ne s'était pas encore dissipée. « Je m'en suis rendu compte à l'âge de quatre ans », m'a-t-elle dit.

« Ma mère et moi nous rendions en ville. Nous sommes montées dans un car Greyhound. Je marchais derrière elle. Elle ne me tenait pas par la main, et je me suis installée sur le premier siège qui s'est présenté. Quelques instants plus tard, elle est venue me chercher et m'a entraînée vers le fond du véhicule, m'expliquant que je ne pouvais pas m'asseoir à l'avant. Nous étions très pauvres, comme la plupart des noirs autour de nous. L'Amérique blanche, je l'ai découverte en allant en ville, en voyant qui se trouvait derrière les comptoirs des magasins, en voyant pour qui ma mère travaillait. Il était évident qu'il y avait un fossé. »

Ce gouffre se révèle à nous de mille façons. Une fillette de sept ans rentre chez elle après avoir été harcelée à l'école, et elle demande à ses parents : « C'est vrai qu'on est des négros ? Qu'est-ce que ça veut dire ? » Parfois, c'est plus subtil : il suffit d'observer qui vit où et qui exerce quel métier. D'autres fois, c'est tout en même temps. Je ne t'ai jamais demandé comment toi, tu avais pris conscience de ce gouffre. Est-ce Michael Brown ? Je ne suis pas sûr de souhaiter le savoir. Mais je sais que cela t'est déjà arrivé, que tu en as déduit que tu étais privilégié et néanmoins différent des autres enfants privilégiés, parce que tu as un corps plus vulnérable que les habitants blancs de ce pays. Comprends bien que tu n'y es pour rien, même si au bout du compte c'est toi le responsable. C'est toi le responsable parce que tu vis parmi les Rêveurs. Ta coiffure et la façon dont tu portes ton pantalon ne sont pas en cause. Le fossé est aussi intentionnel qu'une politique, aussi intentionnel que l'oubli qui s'ensuit. Le fossé permet d'opérer un tri efficace entre les pillés et les pilleurs, les asservis et les asservisseurs, les métayers et les propriétaires terriens, les cannibales et ceux qui sont mangés.

Mabel Jones restait sur son quant-à-soi. C'était « une grande dame », comme on disait autrefois et, en ce sens, elle me rappelait ma grand-mère, qui était une mère célibataire des cités, mais qui s'était toujours exprimée comme si elle possédait de belles choses. Quand la Dre Jones m'a expliqué avoir voulu échapper au dénuement qui caractérisait la vie de son père métayer et de tous ceux autour d'elle, lorsqu'elle m'a confié avoir décidé : « Je ne vivrai pas comme ça », la volonté de fer dans son regard m'a évoqué ma grand-mère. Tu ne dois pas très bien te souvenir d'elle, tu avais six ans à sa mort. Pour ma part, je me souviens très bien d'elle, évidemment, mais à l'époque où je l'ai connue, ses exploits – elle frottait les sols des Blancs le jour, et suivait des cours du soir – appartenaient à un passé légendaire. Malgré tout, je sentais toujours la force et la droiture qui lui avaient permis de quitter la cité pour acheter sa propre maison.

La D^re^ Jones dégageait la même force. À sept ou huit ans, elle avait conclu un pacte avec une amie : elles deviendraient toutes les deux médecins. Elle a rempli sa part du contrat. Mais d'abord, elle a dû passer par le lycée de sa ville. Au début, elle s'est battue contre les élèves blancs qui l'insultaient. Pour finir, ils l'ont élue déléguée de classe. Elle faisait partie de l'équipe d'athlétisme. « C'était une bonne porte d'entrée », m'a-t-elle dit. Jusqu'à un certain point. Pendant les matchs de football américain, les élèves acclamaient le joueur noir, qui était la star de l'équipe, lorsqu'il traversait la défense. Dès qu'un Africain-Américain de l'équipe adverse avait le ballon, c'était une autre histoire. « Bute ce négro ! Bute ce négro ! » hurlaient-ils juste à côté d'elle, comme si elle n'existait pas. Enfant, elle lisait la Bible à l'église. Elle m'a raconté comment elle s'était retrouvée enrôlée. Sa mère l'avait emmenée auditionner pour la chorale. Mais après son essai, le chef de chœur lui avait dit : « Mon petit, je pense que tu devrais plutôt parler. » Elle riait doucement en me rapportant l'anecdote, sans éclat, toujours très maîtresse d'elle-même. Je la sentais s'adoucir.

Alors qu'elle évoquait l'église, j'ai pensé à ton grand-père, celui que tu connais, qui a vécu ses premières aventures intellectuelles en récitant des passages de la Bible. J'ai pensé à ta mère, qui en a fait autant. Et j'ai songé à mon rejet d'une institution qui a souvent été le seul soutien de notre peuple. Je me demande parfois s'il me manque quelque chose, une sorte d'espérance cosmique, une sagesse qui élargirait ma perception étroite du monde, quelque chose qui transcenderait le corps, et que j'aurais pu te transmettre. Je me le suis encore demandé ce jour-là, car une force qui dépassait mon entendement avait conduit Mabel Jones à mener une vie exceptionnelle.

Une bourse qui couvrait tous ses frais de scolarité lui avait permis de faire ses études de premier cycle. Puis elle avait poursuivi en médecine à l'université d'État de Louisiane. Elle s'était engagée dans la marine. Elle s'était spécialisée en radiologie. À l'époque, elle ne connaissait aucun radiologue noir. J'ai laissé entendre que ça n'avait pas dû être facile pour elle, mais elle s'est sentie insultée par une telle supposition. Elle ne pouvait reconnaître aucune difficulté particulière et ne jugeait pas son parcours remarquable, sans quoi elle aurait validé les a priori communautaires, alors que seules les capacités de Mabel Jones auraient dû compter. Et, vue sous cet angle, sa réussite n'avait rien d'étonnant, car elle avait toujours le pied au plancher. Elle ne prenait pas de chemin de traverse, elle allait droit au but et elle était déterminée à parvenir à ses fins coûte que coûte. Elle avait l'état d'esprit d'une athlète de haut niveau consciente que son adversaire triche et que les arbitres sont corrompus, mais qui sait aussi que, si elle remporte encore une compétition, les championnats sont à elle.

Elle appelait Prince « Rocky », en mémoire de son propre grand-père, surnommé « Rock ». Je l'ai interrogée au sujet de l'enfance de son fils, car je ne le connaissais pas très bien, dans le fond. Il faisait partie des gens que j'étais toujours heureux de croiser à une fête et dont j'aurais dit qu'il était « un frère sur qui on pouvait compter », même si je ne savais pas grand-chose de lui. Elle m'a dressé un bref portrait de lui. Une fois, il avait planté un clou dans une prise et fait sauter le disjoncteur de la maison. Une autre fois, il avait revêtu un costume et une cravate, avait posé un genou à terre, et lui avait chanté « Three Times a Lady » des Commodores. Il n'avait fréquenté que des écoles privées, des établissements peuplés de Rêveurs, mais il s'était toujours fait des amis très facilement, en Louisiane puis au Texas. Je lui ai demandé comme les parents des copains de Prince se comportaient avec elle. « À cette époque, j'étais la cheffe du service de radiologie de l'hôpital, m'a-t-elle rétorqué froidement, le regard sévère, comme si elle exposait une équation mathématique. Ils me respectaient. »

À l'instar de sa mère, Prince était intelligent. Au Texas, il avait été admis dans un lycée d'excellence en mathématiques et en sciences, où les élèves pouvaient acquérir des crédits universitaires. Il était le seul noir d'un établissement situé dans un État qui comptait pourtant à peu près autant d'habitants que l'Angola, l'Australie ou l'Afghanistan. Quand j'ai demandé à la D^re^ Jones si elle souhaitait qu'il aille à Howard, elle a souri. « Non. » Puis elle a ajouté : « C'est agréable de pouvoir parler de tout ça », ce qui m'a rassuré, car j'avais peur d'être intrusif. Je voulais savoir où elle aurait aimé qu'il étudie. « Harvard. Ou Princeton. Ou Yale. Ou Columbia. Ou Stanford. Il en avait les capacités. » Mais, comme au moins un tiers des inscrits à Howard, il était las de devoir être un modèle. Ces étudiants de Howard n'étaient pas comme moi. Ils étaient les enfants d'une élite à la Jackie Robinson, dont les parents avaient réussi à la force des poignets, laissant le ghetto ou les champs afin de s'installer dans les banlieues résidentielles, seulement pour se rendre compte qu'ils étaient marqués et qu'il n'y avait pas d'échappatoire. Même quand leurs enfants réussissaient, ce qui était souvent le cas, ils faisaient figure d'exceptions, on les citait en exemple, on leur demandait d'être les représentants de la diversité. Ils étaient des symboles et des modèles, jamais des enfants ou de jeunes adultes. Ils allaient donc à Howard pour être normaux et, plus encore, pour voir le large éventail de la normalité noire.

Prince n'avait postulé ni à Harvard, ni à Princeton, ni à Yale, ni à Columbia, ni à Stanford. C'était La Mecque ou rien. J'ai demandé à Mabel Jones si elle regrettait qu'il ait choisi Howard. Elle a laissé échapper un cri étouffé. Comme si j'avais appuyé trop fort sur un bleu. « Non. Je regrette qu'il soit mort. »

Elle a prononcé ces mots avec un sang-froid immense et une tristesse qui l'était encore plus. Elle a dit cela avec la détermination et le calme déconcertants qu'exige le grand préjudice américain. As-tu déjà examiné les photographies des sit-in des années soixante – les as-tu examinées avec la plus extrême attention ? As-tu remarqué les visages des manifestants ? Ils ne sont ni en colère, ni tristes, ni joyeux. Ils ne trahissent aucune émotion. Leurs regards traversent leurs tortionnaires, ils nous traversent pour se fixer sur quelque chose qui me dépasse. Je pense qu'ils se concentrent sur leur dieu, un dieu dont je ne sais rien et auquel je ne crois pas. En tout cas, dieu ou non, une armure bien réelle les protège. Ou peut-être n'est-ce pas une armure, mais une prolongation de vie, une sorte de crédit qui te permet de supporter les assauts présents et de payer la dette plus tard. Toujours est-il que Mabel Jones avait cette même expression noble et vide. Je la reconnaissais dans ses yeux marron perçants qui s'emplissaient de larmes et n'en laissaient couler aucune. Elle s'appliquait à se contrôler, et j'étais sûr que, depuis qu'on lui avait pris son Rocky, depuis qu'elle avait été dépossédée de sa descendance, cette maîtrise de soi exigeait un effort de chaque instant.

Elle n'avait rien à attendre de son pays. À la mort de son fils, l'Amérique de la Dre Jones avait fait ce qu'elle faisait le mieux : elle avait oublié Prince. Plus qu'une habitude, c'est un composant essentiel du Rêve. Les Rêveurs ont oublié l'ampleur du vol qui les a enrichis, la terreur qui, pendant un siècle, leur a permis de nous empêcher de voter, les politiques ségrégationnistes qui leur ont procuré leur banlieue résidentielle. Ils ont oublié, parce que se souvenir les arracherait à leur beau Rêve et les obligerait à vivre ici-bas, dans le monde, avec nous. Je suis convaincu que les Rêveurs, du moins ceux d'aujourd'hui, préfèrent être blancs que libres. Dans leur Rêve, ils sont Buck Rogers, le prince Aragorn, une lignée entière de Luke Skywalker. Se réveiller, ce serait admettre qu'ils forment un empire humain et que, comme tout empire, il s'est bâti sur la destruction des corps. Ce serait souiller leur noblesse, les rendre vulnérables, faillibles, mortels.

La Dre Jones dormait lorsque le téléphone a sonné. Il était 5 heures du matin. Un policier lui a dit qu'elle devait venir à Washington. Rocky était à l'hôpital. Rocky s'était fait tirer dessus. Elle a pris sa voiture. Sa fille l'accompagnait. Elle était persuadée qu'il était toujours en vie. Elle a dû s'interrompre à plusieurs reprises alors qu'elle me racontait ce qui s'était passé. Elle s'est rendue directement au service de réanimation. Rocky n'était pas là. Un groupe d'hommes investis d'une autorité – des médecins, des avocats, des policiers, peut-être – lui ont demandé de les suivre dans une pièce, où ils lui ont annoncé qu'il était mort. À cet endroit de son récit, elle s'est interrompue de nouveau. Elle ne pleurait pas. Garder la maîtrise d'elle-même était plus important que jamais.

« Je n'avais jamais rien ressenti de tel. Physiquement, c'était extrêmement douloureux. Au point où chaque fois que je pensais à lui, j'en étais réduite à prier et à demander grâce. J'ai cru que j'allais perdre la raison, devenir folle. J'avais la nausée. J'avais l'impression que j'allais mourir. »

Je lui ai demandé si elle avait pensé que le policier serait mis en examen. « Oui », a-t-elle répondu d'une voix où se mêlaient plusieurs émotions. Elle parlait comme une Américaine qui s'était attendue à être traitée équitablement, même si on devait lui rendre justice tardivement et à contrecœur, une conviction similaire à celle qui l'animait lorsqu'elle avait fait ses études de médecine. Et elle parlait comme une femme noire, avec toute la souffrance qui sapait cette même certitude.

Je l'ai alors interrogée sur sa fille, qui s'était mariée récemment. Il y avait une photographie des jeunes époux. La Dre Jones était pessimiste. Elle redoutait qu'ils aient un garçon, parce qu'elle ne pourrait pas le sauver, elle ne pourrait pas préserver son corps de la violence rituelle qui lui avait déjà pris son fils. Elle comparait les États-Unis à Rome. Elle pensait que les heures glorieuses de cette nation étaient depuis longtemps révolues, et que même cette gloire était sale, car elle s'était bâtie sur des corps humains. « Et on s'obstine, disait-elle. On ne se rend pas compte que nous embrassons notre mort. »

Je souhaitais savoir si sa mère était toujours en vie. Elle était décédée en 2002, à l'âge de quatre-vingt-neuf ans. Je lui ai demandé comment celle-ci avait réagi à la mort de Prince. « Je ne pense pas qu'elle l'ait jamais acceptée », a répondu Mabel Jones dans un murmure.

« Voilà un homme qui avait de l'argent, a-t-elle repris, au sujet de Solomon Northup, le héros de *12 Years a Slave*[2]. Il avait une famille. Il vivait comme un être humain. Et il a suffi d'un acte raciste pour anéantir tout ce qu'il avait construit. On pourrait en dire autant de moi. J'ai passé des années à bâtir une carrière, à acquérir des biens, à prendre des responsabilités. Un seul acte raciste. C'est tout ce qu'il faut. » Elle est revenue à ce qu'elle avait obtenu à force d'assiduité et de travail, décrivant le long parcours qui l'avait menée de la misère à sa situation actuelle. Ses enfants avaient été élevés dans l'opulence : vacances au ski tous les ans et séjours en Europe. Lorsque sa fille avait étudié Shakespeare au lycée, elle l'avait emmenée en Angleterre. Et quand elle avait passé son permis de conduire à seize ans, une Mazda 626 l'attendait devant la maison. La corrélation entre ce désir de donner et le dénuement de sa jeunesse résonnait en moi. Je sentais que c'était autant pour elle que pour ses enfants. Selon elle, Prince ne s'intéressait pas beaucoup aux biens matériels. Il aimait lire. Il aimait voyager. Malgré tout, pour ses vingt-trois ans, elle lui avait offert une jeep. La voiture était enrubannée d'un gros nœud violet. Elle le voyait encore, contemplant son cadeau. « Merci, maman », lui avait-il simplement dit. Puis aussitôt, elle a ajouté : « Et c'est dans cette jeep qu'il a été tué. »

Après l'avoir quittée, j'ai attendu quelques minutes avant de démarrer. Je pensais à tout ce que cette femme avait investi dans l'avenir de son fils, et à tout ce qui avait été perdu. Je pensais à la solitude qui avait incité Prince à rejoindre La Mecque, et au fait que nous n'avions pas pu le sauver en fin de compte, pas plus que nous ne pouvions nous sauver nous-mêmes. Et puis j'ai songé aux sit-in, aux manifestants stoïques, à ceux que je raillais parce qu'ils se soumettaient délibérément à ce qu'il y avait de pire dans la vie. Mais peut-être savaient-ils quelque chose de terrible au sujet du monde. S'ils étaient prêts à renoncer à la sécurité et à la dimension sacrée du corps noir, c'était peut-être parce qu'ils savaient qu'il n'y avait jamais eu ni sécurité ni rien de sacré. Toutes ces photographies des années 1960, tous ces films d'Africains-Américains à plat ventre devant les matraques et les chiens n'étaient pas si humiliants, dans le fond, ils ne l'étaient même pas du tout. C'était le simple reflet de la vérité : nous sommes pris au piège, mon frère, cernés par la horde des bandits majoritaires aux États-Unis. Et ça se passe chez nous, dans l'unique pays que nous ayons, sans possibilité de s'échapper – pas seuls en tout cas. Voilà peut-être ce qu'était, ce qu'est encore, l'espoir du mouvement : réveiller les Rêveurs, leur faire prendre conscience de ce qu'ils ont fait. Leur faire comprendre ce que leur besoin d'être blancs, de parler comme s'ils étaient blancs, de penser comme s'ils étaient blancs – autrement dit de se croire au-dessus des faiblesses humaines – faisait au monde.

Mais on ne peut pas miser sur la chance infime que la conscience des Rêveurs s'éveille. Notre passage sur terre est trop bref, nos corps trop précieux. Tu es ici maintenant, et tu dois vivre. Il y a tant de choses qui valent la peine d'être vécues, pas seulement dans d'autres pays, mais chez toi. La chaleur des énergies noires qui m'a amené à La Mecque, qui y a amené Prince Jones, la chaleur de notre monde singulier est belle, aussi fugace et fragile soit-il.

Je songe à notre visite à Howard, à l'occasion de *Homecoming*[3]. Je me souviens de cette chaleur qui déferlait sur nous. Nous assistions au traditionnel match de football américain, assis dans les gradins avec de vieux amis et leurs enfants. Peu nous importait la progression irrégulière des attaquants sur le terrain. J'observais un groupe d'anciennes pom-pom girls derrière les poteaux qui, pour l'amour de Howard, avaient revêtu les couleurs de l'université et retouché leur uniforme, juste ce qu'il fallait pour rentrer dedans. Je me souviens qu'elles dansaient. Elles remuaient les hanches, s'immobilisaient, se déhanchaient à nouveau. Et quand la foule a crié « Vas-y ! Vas-y ! Vas-y ! », une femme noire en jean moulant deux rangées devant moi s'est levée et a ondulé comme si elle n'était pas désormais une mère de famille, comme s'il ne s'était pas écoulé vingt ans mais une semaine depuis qu'elle avait quitté la fac. Le match était suivi d'une fête en plein air. J'y suis allé sans toi. Je ne pouvais pas t'y emmener mais te décrire ce que j'ai vu ne me pose aucun problème. Toute la diaspora était réunie autour de moi, les ambitieux, les avocats, les Kappa, les casse-pieds, les médecins, les coiffeurs, les Delta, les ivrognes, les geeks et les nerds. Le DJ braillait dans le micro. Les plus jeunes se bousculaient pour l'approcher. Un garçon a sorti une bouteille de cognac et a dévissé le bouchon. La fille qui l'accompagnait a souri, renversé la tête, bu et ri. Je me fondais

dans la foule de ces corps. La marque de la malédiction s'effaçait. Je sentais le poids de mes bras, j'entendais le va-et-vient de mon souffle.

Je ne parlais pas, parce que c'était inutile.

C'était un moment à part, un moment joyeux hors du Rêve, empreint d'une sensation de puissance magnifique. Un sentiment plus fort que toutes les lois sur le droit de vote. Ce pouvoir noir est issu de l'observation de la galaxie américaine vue depuis une planète sombre et fondamentale. Vue depuis Monticello [4], mais côté cachot – autrement dit, vue par un peuple en lutte. Le pouvoir noir génère une forme de compréhension qui révèle les vraies couleurs du monde. Même les Rêveurs – égarés dans leur grande rêverie – le sentent, car c'est vers Billie qu'ils se tournent les jours de tristesse, c'est Mobb Deep qu'ils déclament quand ils se sentent d'humeur audacieuse, les Isley Brothers qu'ils fredonnent lorsqu'ils sont amoureux, Dr. Dre qu'ils braillent pour faire la fête. Et la voix d'Aretha est la dernière qu'ils entendent avant de mourir. Nous avons accompli quelque chose. Nous avons retourné contre eux la règle de la goutte de sang. Les Rêveurs ont fait de nous une race. Et nous sommes devenus un peuple. À La Mecque, après avoir franchi les barrières de la sélection, nous nous sommes créé un foyer. Comme les noirs qui organisent, l'été, des fêtes de quartier parmi les seringues, les fioles de crack et les marelles. Comme les noirs qui se défoulent aux *rent parties*[5], comme les noirs qui se retrouvent aux dîners de famille avec le sentiment d'être les survivants d'une catastrophe. Comme les noirs qui boivent du cognac ou de la bière allemande, font tourner un joint et discutent des rappeurs. Comme nous le faisons tous, nous qui avons traversé la mort pour atteindre la vie sur ces rives.

C'est le pouvoir de l'amour qui a attiré Prince Jones à Howard. Un pouvoir qui n'est pas divin, mais vient d'une connaissance intime de la fragilité des choses – y compris du Rêve, surtout du Rêve. Assis dans la voiture, je songeais à la tragédie nationale que nous prédisait Mabel Jones. J'avais entendu ce genre de prophétie toute ma vie, dans la bouche de Malcolm et de ses disciples posthumes, clamant que les Rêveurs allaient récolter ce qu'ils avaient semé. Je les avais lues chez Marcus Garvey, qui promettait une tempête d'ancêtres vengeurs, une armée de morts-vivants enchaînés s'élevant du fond de l'Atlantique. Non. J'avais quitté La Mecque conscient que ce n'était pas si simple. Si les Rêveurs récoltaient ce qu'ils avaient semé, alors nous étions voués au même sort qu'eux. Le pillage est devenu une habitude, une addiction ; ceux qui ont conçu les ghettos-usines à tuer et les prisons privées-machines à violer, puis ont tout effacé de leur mémoire, ne sont pas près d'arrêter. Je ne crois pas à cette prophétie, seulement à l'attrait exercé par l'essence bon marché.

Autrefois, le Rêve était circonscrit par la technologie, par les limites du cheval-vapeur et du vent. Mais le progrès est arrivé ; les forages marins, l'extraction du charbon, le pétrole et l'industrie alimentaire ont permis une expansion sans précédent du pillage. Cette révolution a donné le champ libre aux Rêveurs qui, non contents d'exploiter les corps, ont dévasté la Terre. La planète n'est pas notre création. Elle ne nous doit aucun respect. Nous ne lui sommes d'aucune utilité. Sa vengeance ne mettra pas le feu aux villes, mais au ciel. Ce que charrient les vents est plus féroce que l'ouragan de Marcus Garvey. Ce qui s'élève des océans est plus effrayant que nos ancêtres africains. Les deux phénomènes ne sont pas étrangers l'un à l'autre. Le coton récolté par nos mains enchaînées a marqué le début de cette ère. C'est pour nous fuir que les Rêveurs ont déboisé la banlieue. Et le mode de transport qui permet de rejoindre ces nouvelles aires résidentielles, c'est l'automobile, le nœud coulant qui étrangle la terre, et à terme les Rêveurs eux-mêmes.

Lorsque je suis parti de chez Mabel Jones, toutes ces idées me tournaient dans la tête. Lorsque je suis parti de chez Mabel Jones, je pensais à toi, comme toujours. Je ne crois pas que nous puissions les arrêter, Samori. Eux seuls peuvent le faire. Pourtant, je t'engage à poursuivre la lutte. Lutte en mémoire de nos ancêtres. Lutte pour la sagesse. Lutte pour la chaleur de La Mecque. Lutte pour ta grand-mère et ton grand-père, lutte pour faire honneur à ton nom. En revanche, ne te bats pas pour les Rêveurs. Espère pour eux. Prie pour eux, si telle est ton inclination. Mais ne fais pas de leur conversion l'objectif de ton combat. Ils doivent apprendre à lutter par eux-mêmes, comprendre que le terrain de leur Rêve, la scène sur laquelle ils se sont peints en blanc, nous conduit droit dans le mur. Le Rêve est l'addiction qui met en danger la planète, l'addiction qui enferme nos corps dans les prisons et les ghettos. J'en ai vu quelques-uns, alors que je m'éloignais de chez Mabel Jones : des ghettos identiques à ceux qui m'avaient marqué à Chicago quelques années plus tôt, identiques à ceux où ma mère et mon père avaient grandi. À travers le pare-brise, je voyais défiler leurs emblèmes – les salons de beauté, les églises, les magasins d'alcool, les bâtiments délabrés – et j'éprouvais une peur familière. À travers le pare-brise, je voyais s'abattre des trombes d'eau.

Notes

1. Richard Wright, « Between the World and Me » (1935), *White Man Listen!*, New York, Doubleday, 1957 (NdA). Sauf mention contraire, toutes les notes sont de la traductrice.

Préface

1. Ta-Nehisi Coates, *Le Procès de l'Amérique. Plaidoyer pour une réparation*, Paris, Autrement, 2017.

2. James Baldwin, *La Prochaine Fois, le feu*, Paris, Gallimard, 1963.

3. Richard Wright, « Between the World and Me », *op. cit.*

I.

1. Sonia Sanchez, « Malcolm », *Shake Loose My Skin*, Boston, Beacon Press, 1999 (NdA).

2. Bataille meurtrière de la guerre de Sécession, elle marque un tournant dans le conflit et enclenche la chute progressive des États confédérés.

3. Dans le commerce triangulaire, le « Passage du milieu » désigne la traversée de l'Atlantique par les navires transportant des esclaves vers les Amériques.

4. Nom donné au trajet emprunté par les peuples autochtones déportés vers l'ouest entre 1831 et 1838, à la suite du vote de l'Indian Removal Act, afin que leurs terres soient attribuées à des colons blancs. Environ quatre mille Cherokees, le groupe autochtone le plus affecté, périrent sur la route entre la Géorgie et l'Oklahoma.

5. Jour férié en l'honneur des morts au combat, le dernier lundi de mai.

6. Sitcom américaine mettant en scène un majordome britannique au service d'une famille de la classe moyenne américaine dans la banlieue de Pittsburgh.

7. « Ecstasy, coke, tu dis que c'est de l'amour, c'est du poison / les écoles où j'ai étudié devraient être brûlées, c'est du poison. » Nas, « What Goes Around », *Stillmatic*, Columbia Records, 2001.

8. Mad Dog et Cisco sont des marques de vin fortifié.

9. Allusion à un discours de Martin Luther King prononcé à Atlanta en 1967 : « L'arc de l'univers moral est long, mais il tend vers la justice. »

10. Les Africana Studies s'intéressent aux populations noires, d'Afrique ou des diasporas (NdE).

11. Noms donnés aux campagnes et aux militants du mouvement des droits civiques qui dans les années soixante se rendaient dans le Sud pour lutter contre la ségrégation dans les transports et permettre aux noirs de s'inscrire sur les listes électorales.

12. « Message à la base » : discours tenu en 1963 à Détroit, peu de temps avant que Malcolm X ne quitte la Nation de l'Islam. « Le bulletin de vote ou la balle » : discours tenu deux fois en 1964, à Cleveland et à Détroit, dans lequel Malcolm X incite les noirs à user de leur droit de vote mais présente la lutte armée comme une possible réponse à l'absence d'égalité véritable.

13. Nat Turner : instigateur d'une révolte d'esclaves durement réprimée en Virginie, en 1831, à l'issue de laquelle il fut exécuté. Harriet Tubman : ancienne esclave, militante aboli-

tionniste et figure de l'« Underground Railroad », un réseau clandestin qui aidait les esclaves fugitifs à rejoindre les États du Nord au XIXe siècle. Nanny : figure emblématique d'un groupe d'esclaves fugitifs appelés « marrons » (*maroons*) en Jamaïque, et qui combattit les Anglais au début du XVIIIe siècle. Cudjoe : chef rebelle d'un groupe de marrons de Jamaïque qui, en 1739, signa un traité de paix avec les Anglais en échange de l'autonomie de sa communauté.

14. Manifestation qui appelait principalement les hommes noirs à manifester le 16 octobre 1995, à l'initiative notamment de l'organisation Nation de l'Islam, dont Malcolm X fut l'une des figures principales. Le but de la manifestation était d'attirer l'attention sur la situation socio-économique de la population africaine-américaine.

15. Membres du Black Panther Party, tués par le FBI en 1969.

16. Soulèvement de prisonniers réclamant de meilleures conditions d'incarcération qui s'est déroulé du 9 au 13 septembre 1971, causant la mort de 33 détenus et de 10 employés de la prison d'Attica, située dans l'État de New York.

17. Stokely Carmichael (1941-1998) : ancien leader du SNCC (organisation étudiante non-violente qui a joué un rôle essentiel dans la lutte pour les droits civiques), il a rejoint le Black Panther Party en 1968 avant de se tourner vers le panafricanisme, prenant le nom de Kwame Ture. Il a contribué à la popularisation de l'expression « Black Power ».

18. « Sois authentique », « Sois toi-même ».

19. Charles Drew (1904-1950) : chirurgien et chercheur. Amiri Baraka (1934-2014) : écrivain à l'origine du Black Arts Movement. Thurgood Marshall (1908-1993) : premier juge africain-américain nommé à la Cour suprême. Ossie Davis (1917-2005) : acteur et réalisateur. Doug Wilder (né en 1931) : premier gouverneur africain-américain. David Dinkins (1927-2020) : avocat, premier maire africain-américain de New York. Lucille Clifton (1936-2010) : poétesse et professeure. Kwame Ture : nom adopté par Stokely Carmichael (cf. supra note 17 p. 195).

20. Q ou Que Dogs, nom donné aux membres d'Omega Psi Phi, fraternité étudiante africaine-américaine fondée à Howard en 1911, dont les couleurs sont le violet et l'or.

21. Association panafricaine dispensant un enseignement inspiré des anciennes religions africaines, notamment égyptienne.

22. Zora Neale Hurston (1891-1960) : écrivaine, anthropologue et réalisatrice américaine, figure du mouvement artistique de la Renaissance de Harlem, qui a notamment écrit sur la culture rurale du Sud. Sterling Brown (1901-1989) : poète, critique littéraire et professeur. Kenneth Clark (1914-2005) : psychologue qui a notamment travaillé sur la formation des préjugés raciaux chez les enfants.

23. Frederick Douglass (1817-1895) : réformateur, abolitionniste, journaliste et politicien africain-américain.

24. Alain Locke (1885-1954) : écrivain, philosophe et essayiste africain-américain, parfois surnommé le « père de la Renaissance de Harlem », qui a développé le concept du « New Negro ».

25. Couleurs de la sororité africaine-américaine Alpha Kappa Alpha, fondée en 1908.

26. bell hooks (1952-2021), intellectuelle et universitaire américaine qui a étudié les questions féministes, raciales et sociales.

27. Poétesse américaine née en 1934.

28. Principe qui s'est développé au XIXe siècle (et a même été inscrit dans la loi de certains États), selon lequel une personne possédant « une seule goutte de sang noir », c'est-à-dire un seul ancêtre, quelle que soit la génération, était considérée comme noire, quelle que soit sa couleur de peau.

29. Personnage de justicier masqué de l'Ouest américain, héros de la culture populaire américaine. D'abord créées pour la radio, ses aventures ont été adaptées au cinéma, à la télévision et en bande dessinée.

30. Ouvrages de George Wells Parker, *The Children of the Sun* (1918), de Drusilla Dunjee Houston, *Wonderful Ethiopians of the Ancient Cushite Empire* (1926), et du chercheur sénégalais Cheikh Anta Diop, *The African Origin of Civilization*, composé de textes traduits du français, tirés de *Nations nègres et culture* (1954), et *Antériorité des civilisations nègres : mythe ou vérité historique ?* (1967), tous deux publiés chez Présence Africaine.

31. « On ne peut pas faire baisser les yeux à cette haine / ni enchaîner la peur qui harcèle les gardiens » Robert Hayden, « Middle Passage » (1945).

32. Ralph Wiley, *Dark Witness: When Black People Should Be Sacrificed (Again)*, New York, Ballantine Books, 1996, p. 32.

II.

1. Amiri Baraka, « Ka' Ba », *Black Magic*, New York, Bobbs Merrill, 1969 (NdA).

2. Premier joueur de base-ball africain-américain à avoir été autorisé à jouer en Major League, en 1947, alors qu'elle était jusque-là exclusivement blanche, Jackie Robinson a mis sa notoriété au service de la cause noire en militant auprès de Martin Luther King.

3. Alexandre Soljenitsyne, *L'Archipel du Goulag* 1, première et deuxième parties : 1918-1956 (édition revue et augmentée par l'auteur), traduction de Geneviève Johannet, *et al.*, Paris, Fayard, 1991, p. 153-154.

4. William Faulkner, *L'Intrus*, traduction de René-Noël Raimbault, Paris, Gallimard, 1952, p. 16.

5. Personnage du *Cycle de Mars* d'Edgar Rice Burroughs, succès populaire de fantasy dont la publication s'est étalée sur la première moitié du XXe siècle.

6. Thavolia Glymph, « "Beyond the Limits of Decency": Women in Slavery », *Out of the House of Bondage: The Transformation of the Plantation Household*, Cambridge, Cambridge University Press, p. 32-62 (NdA).

7. La Federal Housing Administration, créée en 1934, donnait accès à des emprunts immobiliers à taux réduit en se fondant sur un système de notation des quartiers en fonction de leur stabilité. Les quartiers noirs, mal notés, étaient délimités en rouge. Cette pratique, qui empêchait les Africains-Américains d'obtenir des prêts abordables, a donné naissance au terme *redlining* pour désigner les politiques discriminatoires.

8. « Je suis carrément BG / le pli du jean bien marqué / Un T-shirt blanc tout clean, et la visière légèrement pointée à l'est. » OutKast, « West Savannah », *Aquemini*, LaFace Records, 1998.

III.

1. James Baldwin, « On Being White… and Other Lies », *Essence*, avril 1984.

2. Solomon Northup, *Douze Ans dans l'esclavage*, Paris, Flammarion, 2014 (NdE).

3. Évènement à la fois festif et sportif dans les universités et les écoles américaines, qui réunit chaque année les anciens élèves, peu après la rentrée.

4. Nom de la résidence de Thomas Jefferson en Virginie. Artisan de la Déclaration d'indépendance, troisième président des États-Unis, connu pour ses positions en faveur de la liberté et de la tolérance, Jefferson possédait de nombreux esclaves sur ses plantations.

5. Fêtes apparues à Harlem dans les années vingt, organisées pour réunir l'argent du loyer.

NORD COMPO
multimédia

Composition et mise en pages
Nord Compo à Villeneuve-d'Ascq

Achevé d'imprimer en janvier 2024
par Normandie Roto Impression s.a.s.
61250 Lonrai
N° d'impression : 2305069
N° d'édition : 620234-0
Dépôt légal : janvier 2024

Imprimé en France